図解ポケット

Shuwasystem
A book to explain
with figure
: Library

不動産登記手続きが

わかりやすい
記入例
付き!

よくわかる本

岡住 貞宏 著

秀和システム

はじめに

　不動産登記の申請を自分でやってみたい——そう思ったことのある人は多いかもしれません。あるいは本書を手に取った人は、いまそう思っているのかもしれません。

　そして、いざ自分で登記申請書を作り始めると、きっとこう痛感することでしょう。

　「なんて細かいルールが多いんだ！」

　筆者は常々、登記申請は一種の「職人芸」だと思っています。膨大な知識と経験を基に、緻密な作業を１つひとつ積み上げていく、そんなイメージです。筆者のような司法書士（登記の専門家）は、さしずめ「登記職人」というべきでしょうか。

　職人芸はその全部をまねすることはなかなか難しい。しかしその一部ならば、取り組んでみる価値があります。筆者もまた、一般の方々が「すべての登記申請」を自分でできるとは思いません。「できる」といったら嘘になります。しかし「自分でできる登記申請もある」、これもまた真実だと思います。

　本書は、不動産登記の申請を自分でやってみたい、そう考える人に向けて書きました。職人芸のエッセンスをなるべくわかりやすく解説することに努めました。

　本書を手に取った皆さんのお役に立つこと、皆さんが行う登記申請が無事に完了することを願ってやみません。

2021年1月

司法書士　岡住貞宏

本書の目的と仕組み

自分で不動産の登記申請をする！

第1章 不動産登記制度のキホンを学ぶ

不動産登記制度
ってどんなもの？

不動産に関する情報を記載した帳簿を作成・公開し、権利関係を確認できるようにした制度です

第2章 不動産登記申請のキホンを学ぶ

どんな手続きが
必要なの？

登記申請書と添付情報を準備して、法務局に提出します

第3章 ケース別に登記申請書の作成方法を学ぶ

ケースごとに
作成方法は
違うの？

ケースによって、行うべき登記申請や必要書類などが違います

本書で
取り上げる
ケースは4つ!

▶▶▶ 登記記録上の所有者の住所が変わったとき

所有権登記名義人
住所変更登記
☞ 第3章 2節 へ

▶▶▶ 配偶者に不動産を贈与したとき

所有権移転登記(贈与)
☞ 第3章 3節 へ

▶▶▶ 親が死亡して不動産を相続したとき

所有権移転登記(相続)
☞ 第3章 4節 へ

▶▶▶ 住宅ローンを完済したとき

抵当権抹消登記
☞ 第3章 5節 へ

図解ポケット
不動産登記手続きがよくわかる本

① 不動産登記のキホン

② 不動産登記申請手続のキホン

chapter 3 ケース別 不動産登記申請書の書式と解説

chapter

1

不動産登記のキホン

　不動産登記といっても、日常生活ではあまり気にしたこと
がなく、どのようなものかよくわからないという人も多いの
ではないでしょうか。本章では、そもそも不動産登記とはど
のようなものなのか、基本的な疑問に答えていきます。

不動産登記って何？

普段はあまり縁がないけれど、マイホームを購入するとき等、急にかかわりを持つことになる不動産登記。不動産登記とはいったい何なのでしょうか？

1 不動産に関する「帳簿」

不動産登記とは、①不動産の表示・権利を記した、②国の「帳簿」に関する制度のことです。

民法では土地と建物を**不動産**といいます。不動産は人々の生活や企業の生産活動の基盤となる極めて大切な財産です。その権利関係が不明確では、不動産の取引や管理、運用に大きな支障が生じることとなります。

しかし、**所有権**や**抵当権**等の不動産に関する権利は、そのままでは目に見えません。そこで国は不動産登記の制度を設け、不動産に関する情報を記した**帳簿**を作成・公開して、その帳簿を見れば不動産の権利関係がわかるようにしたのです。

2 登記記録とは

不動産に関する権利等の情報を記した帳簿のことを**登記記録**といいます。

「簿」という言葉は本来「紙で作った冊子」のことを指します。現代の不動産登記はコンピューターのデータの形で作られているので、「簿」という言葉を使わず「登記記録」というのです。コンピューターが普及する前、紙の冊子で不動産登記がなされていたときには**登記簿**と呼びました*。

10

figure 1 不動産と不動産登記

●不動産とは?

「土地」と「建物」

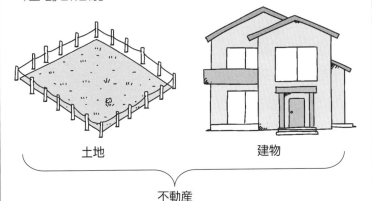

土地　　　　　　　　　建物

不動産

●不動産登記とは?

・不動産に関する帳簿を作成・公開し、不動産の権利関係を確認
できるようにした制度
・帳簿は法務局で管理されており、公開されている

所有権　抵当権

法務局

情報は公開されている

* 「登記記録」と「登記簿」の使い分けには現在でも法律上難しい部分があります。本書では「登記記録」という
用語に統一します。

不動産登記は「どこ」にある？

登記記録に書かれた情報を知りたい、不動産登記の手続きをしたい。そんなときは「どこ」に出向いたらよいのでしょうか？

1 法務局と登記所・登記官

不動産登記は**法務局***が取り扱っています。**登記所**という言い方をすることもありますが、不動産登記については「法務局＝登記所」と考えて差し支えありません。

不動産登記には管轄があります。全国どこの法務局でもできる手続きと、管轄の法務局でなければできない手続きがありますので、ご注意ください。

また、不動産登記を取り扱う法務局の担当職員を**登記官***といいます。

2 登記事項証明書とは

登記記録に書かれた情報を知る（見る）ためには、**登記事項証明書**という書類を取得するのが一般的です。登記事項証明書については、次の節以降で説明します。

3 登記申請とは

登記記録に書かれた情報を書き換えるためには、原則として**登記申請**という手続きが必要となります。登記申請は、登記申請書を管轄の法務局に提出して行います。登記申請の手続きについては、第2章、第3章で詳しく説明します。

figure 2 　法務局と不動産登記

●法務局とは？

- ・不動産登記やその他の事務を行っている国の機関
- ・全国に設置されている（支局・出張所を含む）
- ・不動産登記を取り扱う担当職員を登記官という

登記官　　　　　　　不動産登記

●法務局と不動産登記

「登記申請書」を提出する

「登記事項証明書」の
交付を受ける

---

* **法務局**　正確には「法務局または地方法務局」です。本書では「法務局または地方法務局」の意味で、以下「法務局」といいます。

* **登記官**　実は「不動産登記を担当するが登記官ではない法務局職員」も多数います。登記官とは、「法務局における不動産登記の責任者」と考えてください。

登記事項証明書はどうやって取得する？

登記記録に書かれた情報を知る（見る）ためには、登記事項証明書という書類を取得するのが一般的です。

1 登記事項証明書の種類

登記事項証明書とは、文字どおり登記記録に書かれた情報（登記事項）を登記官が証明した書類です。登記事項証明書にはいろいろな種類がありますが、普通は**全部事項証明書**を取得して利用します。

2 登記事項証明書の取得方法

登記事項証明書は、**登記事項証明書交付申請書**に必要事項を記載して法務局に提出し、交付を受けます。登記事項証明書交付申請書の用紙は法務局窓口に備え付けられている他、法務局のホームページでもダウンロードできます。登記事項証明書は、日本中の不動産について、どの法務局（支局・出張所を含む）でも取得することができます（ただし、わずかな例外もあります）。登記事項証明書（全部事項証明書）を取得するには、1通あたり600円の手数料がかかり、収入印紙を登記事項証明書交付申請書に貼り付けて納付します。

3 証明書発行機・郵送申請・オンライン申請

多くの法務局には証明書発行機が設置してあり、その機械を操作することでも登記事項証明書を取得できます。また、登記事項証明書は、郵送での交付申請、登記・供託オンライン申請システムを利用しての交付申請をすることもできます。

これらの方法については、本書では説明を省略します。

figure 3 登記事項証明書交付申請書

| 不動産用 | 登記事項証明書 登記簿謄本・抄本 交付申請書 |

※ 太枠の中に記載してください

	住　所　　〇〇県東西市中町三丁目4番地5	収入印紙欄
	フリガナ　タカ　サキ　シュウ　ワ 氏　名　高　崎　秀　和	収　入 印　紙

※地番・家屋番号は、住居表示番号（〇番〇号）とはちがいますので、注意してください。

種　別 （レ印をつける）	郡・市・区	町・村	丁目・大字・字	地　番	家屋番号 又は所有者	請求 通数	
1 ☑土地	東西市	南北町	一丁目	2番3		1	収　入 印　紙
2 □建物							
3 □土地							
4 □建物							収入印紙は割印をしないでここに貼ってください。
5 □土地							
6 □建物							（登記印紙も使用可能）
7 □土地							
8 □建物							
□財団（□目録付） 9 □船舶 □その他							

※共同担保目録が必要なときは、以下にも記載してください。
次の共同担保目録を「種別」欄の番号＿＿＿＿＿＿＿番の物件に付ける。
　□現に効力を有するもの　□全部（抹消を含む）　□（＿＿）第＿＿＿＿号

※該当事項の□にレ印をつけ、所要事項を記載してください。

☑　**登記事項証明書・謄本**（土地・建物）
　　専有部分の登記事項証明書・抄本（マンション名＿＿＿＿＿＿＿）
　　□ただし、現に効力を有する部分のみ（抹消された抵当権などを省略）

□　**一部事項証明書・抄本**（次の項目も記載してください。）
　　共有者に＿＿＿＿＿＿＿＿＿＿関する部分

□　**所有者事項証明書**（所有者・共有者の住所・氏名・持分のみ）
　　□所有者　　□共有者＿＿＿＿＿＿＿＿

□　コンピュータ化に伴う**閉鎖登記簿**
　　合筆、滅失などによる**閉鎖登記簿・記録**（平成 ＿＿年＿＿月＿＿日閉鎖）

交 付 通 数	交 付 枚 数	手　数　料	受 付 ・ 交 付 年 月 日

（乙号・1）

＊法務局の開庁時間は、平日8時30分～17時15分です。この時間内でないと登記事項証明書を取得することはできません。土・日・祝祭日・年末年始、夜間は閉庁です。

登記事項証明書の読み方 その1（土地）

登記事項証明書（土地）には、土地の物理的な現況や所有権に関する事項等が記載されています。ここでは、全体の構造や具体的な記載事項を見ていきます。

1 全部事項証明書（土地）の場合

　右のページに掲げたのは、土地の全部事項証明書のサンプルです。実際の大きさはA4サイズで、法務局特有の「地紋（模様）」のある薄みどり色の用紙で作成されています。

　まず全体的な構成について見てみましょう。

　大きく3つの「箱」に分かれており、それぞれ「**表題部**」「**権利部（甲区）**」「**権利部（乙区）**」とタイトルが付けられています。

　以下では、さらに細かく見ていきます。

①**表題部**：土地の物理的な現況が記載されています。

②**権利部（甲区）**：所有権に関する事項が記載されています。

③**権利部（乙区）**：所有権以外の権利に関する事項が記載されています。ただし、所有権以外の権利がこれまで一度も存在しなかった土地等では、「権利部（乙区）」がありません。

figure 4 登記事項証明書・土地

○○県東西市南北町一丁目２－３　　　全部事項証明書　　（土地）

表　題　部（土地の表示）	調製	余　白	不動産番号	０００００００００００００
地図番号	余　白	筆界特定	余　白	

所　在	東西市南北町一丁目		①
① 地　番	②地　目	③ 地　積　㎡	原因及びその日付〔登記の日付〕
２番３	宅地	４２０　６２	２番１から分筆 〔平成１９年１２月１日〕

権　利　部　（甲区）　（所有権に関する事項）			
順位番号	登記の目的	受付年月日・受付番号	権利者その他の事項
１	所有権移転	平成１１年３月２６日 第３６７８号	原因　平成１０年１２月８日相続 所有者　○○県東西市南北町二丁目３番地４ 前　橋　花　子 順位番号３番の登記を転写 平成１９年１２月１日受付 第１５３２６号　②
２	所有権移転	平成２１年１２月２５日 第１６３３５号	原因　平成２１年１２月２５日売買 所有者　○○県東西市中町三丁目４番地５ 高　崎　秀　和

権　利　部　（乙区）　（所有権以外の権利に関する事項）			
順位番号	登記の目的	受付年月日・受付番号	権利者その他の事項
１	抵当権設定	平成２０年１月２０日 第１２３４号	原因　平成２０年１月２０日金銭消費貸借同日設定 債権額　金１，０００万円 利息　年２・１５％（年３６５日の日割計算） 損害金　年１４％（年３６５日の日割計算） 債務者　○○県東西市南北町二丁目３番地４ 前　橋　花　子 抵当権者　○○県南北市大手町１番１号 株　式　会　社　南　北　銀　行 （取扱店　東西支店） 共同担保　目録(た)第２３４５号　③
２	１番抵当権抹消	平成２１年１２月２５日 第１６３３４号	原因　平成２１年１２月２５日弁済
３	抵当権設定	平成２１年１２月２５日 第１６３３６号	原因　平成２１年１２月２５日金銭消費貸借同日設定 債権額　金２，５００万円 利息　年１・１５％（年３６５日の日割計算） 損害金　年１４％（年３６５日の日割計算） 債務者　○○県東西市中町三丁目４番地５ 高　崎　秀　和 抵当権者　東京都八千代区角の内一丁目１番１号 株　式　会　社　ジ　ャ　パ　ン　銀　行 （取扱店　東西支店） 共同担保　目録(ち)第１２３４号

これは登記記録に記載されている事項の全部を証明した書面である。

令和○年○○月○○日

○○地方法務局東西支局　　　登記官　　　法　務　太　郎　　○○地方法務局東西支局登記官之印

＊下線のあるものは抹消事項であることを示す。　　整理番号　Ａ０００００　（１／１）　　１／１

　表題部には土地の物理的な現況が記載されています。主な記載事項は次のとおりです。

①**不動産番号**は、法務局が土地建物を含め全不動産の1つひとつに個別に付した固有番号です。

②**所在**は、土地の存在する場所です。

③**地番**は、土地の番号です。住居表示実施区域（住所が「○番○号」となっている地域等）では、住所の番号と異なることがあります。

④**地目**は、宅地、雑種地、田、畑、公衆用道路等、土地の用途です。

⑤**地積**は、土地の面積です。平方メートルで記載し、宅地および10㎡以下の土地については小数点第2位まで表示し、それ以外の土地については1㎡未満を切り捨てて表示します。

⑥**原因及びその日付〔登記の日付〕**は、表題部の変更（分筆や地目変更）があった場合等にその原因年月日等が記載されます。またカッコ書きで、その表題部の変更登記等がなされた日付が記載されます。

　表題部は、登記記録の「見出し」に該当します。最低限、①不動

figure **5** 登記事項証明書・表題部（土地の表示）

○○県東西市南北町一丁目2－3					全部事項証明書	（土地）
表　題　部　（土地の表示）		調製	余　白		不動産番号	0000000000000 ●
地図番号	余　白	筆界特定	余　白			
所　　在	東西市南北町一丁目 ●					
①　地　番	②地　目	③　地　積　㎡			原因及びその日付〔登記の日付〕	
2番3 ●	宅地 ●		420 62 ●		2番1から分筆 ●	
					〔平成19年12月1日〕	

①　②　③　④　⑤　⑥

産番号か、②所在＋③地番がわからないと土地が特定できず、登記事項証明書を取得したり登記申請手続をしたりすることができません。

3 権利部（甲区）

権利部（甲区）には所有権に関する事項が記載されています。

①順位番号の欄に１とある、その右側のブロックがひとまとまりの登記事項です。このサンプルでは所有権移転があり、平成11年3月26日第3678号をもって平成10年12月8日相続を登記原因に、「○○県東西市南北町二丁目3番地4　前橋花子」が所有者になったことが登記されています。

figure
6 登記事項証明書・権利部（甲区）

権　利　部　　（甲区）　　（所有権に関する事項）			
順位番号	登　記　の　目　的	受付年月日・受付番号	権　利　者　そ　の　他　の　事　項
1	所有権移転	平成11年3月26日 第3678号	原因　平成10年12月8日相続 所有者　○○県東西市南北町二丁目3番地4 　前　橋　花　子 順位番号3番の登記を転写 平成19年12月1日受付 第15326号
2	所有権移転	平成21年12月25日 第16335号	原因　平成21年12月25日売買 所有者　○○県東西市中町三丁目4番地5 　高　崎　秀　和

① ②

②順位番号１番の登記を前提にして順位番号２番の登記がなされています。２番の右側のブロックを見ていきます。さらに所有権移転があり、平成21年12月25日受付第16335号をもって平成21年12月25日売買を登記原因に、「○○県東西市中町三丁目4番地5　高崎秀和」が所有者になったことが登記されています。

ざっくりと流れを読むならば、「平成10年12月8日に前橋花子が相続で取得したこの土地を、平成21年12月25日に高崎秀和が前橋花子から買った」ということがわかります。

④ 権利部（乙区）

権利部（乙区）には所有権以外の権利に関する事項が記載されています。所有権以外の権利とは、抵当権、根抵当権、地上権、賃借権等です。

①順位番号の欄に１とある、その右側のブロックがひとまとまりの登記事項です。１番の登記事項はすべて下線が引かれていますが、ひとまず無視して見ていきます。抵当権設定があり、平成20年1月20日第1234号をもって平成20年1月20日金銭消費貸借同日設定を登記原因に、「○○県南北市大手町１番１号　株式会社南北銀行」が抵当権者になったことが登記されました。その他、抵当権の権利内容である債権額・利息・損害金・債務者も登記されています。

②順位番号１番の登記を前提にして順位番号２番が登記されています。２番の右側のブロックを見ていきます。１番抵当権抹消、すなわち１番の抵当権設定登記を抹消するという登記です。さらにその右側、この２番の登記は平成21年12月25日受付第

16334号をもって平成21年12月25日弁済を登記原因として
なされたことがわかります。そして、抹消された登記に関する事
項には下線が引かれます。順位番号1番の登記事項すべてに下線
が引かれているのは、2番の登記によって抹消されたからです。

③そして、さらに順位番号3番が登記されました。右側のブロック
を見ていくと、抵当権設定があり、平成21年12月25日第
16336号をもって平成21年12月25日金銭消費貸借同日設定
を登記原因に、「東京都八千代区角の内一丁目1番1号　株式会
社ジャパン銀行」が抵当権者になったことが登記されています。
その他、抵当権の権利内容である債権額・利息・損害金・債務者
も登記されました。

figure 7　登記事項証明書・権利部（乙区）

権　利　部　（乙区）　（所 有 権 以 外 の 権 利 に 関 す る 事 項）			
順位番号	登　記　の　目　的	受付年月日・受付番号	権　利　者　そ　の　他　の　事　項
1	<u>抵当権設定</u>	<u>平成20年1月20日</u> <u>第1234号</u>	<u>原因　平成20年1月20日金銭消費貸借同日</u> 　　<u>設定</u> <u>債権額　金1，000万円</u> <u>利息　年2・15％（年365日の日割計算）</u> <u>損害金　年14％（年365日の日割計算）</u> <u>債務者　○○県東西市南北町二丁目3番地4</u> 　　<u>前　橋　花　子</u> <u>抵当権者　○○県南北市大手町1番1号</u> 　　<u>株　式　会　社　南　北　銀　行</u> 　　<u>（取扱店　東西支店）</u> <u>共同担保　目録（た）第2345号</u>
2	1番抵当権抹消	平成21年12月25日 第16334号	原因　平成21年12月25日弁済
3	抵当権設定	平成21年12月25日 第16336号	原因　平成21年12月25日金銭消費貸借同日 　　設定 債権額　金2，500万円 利息　年1・15％（年365日の日割計算） 損害金　年14％（年365日の日割計算） 債務者　○○県東西市中町三丁目4番地5 　　高　崎　秀　和 抵当権者　東京都八千代区角の内一丁目1番1号 　　株　式　会　社　ジ　ャ　パ　ン　銀　行 　　（取扱店　東西支店） 共同担保　目録（ち）第1234号

①　②　③

5 権利部の甲区と乙区のつながり

　権利部の甲区と乙区はバラバラに存在するものではなく、互いに関係し合いながら登記がなされています。

　乙区1番の抵当権設定の登記の当時（平成20年1月20日）、この土地は前橋花子が所有者でした。甲区2番の登記は平成21年12月25日になされたもので、それ以前は甲区1番が所有者の登記だったことから、そのことがわかります。つまり、乙区1番の抵当権設定は、前橋花子と株式会社南北銀行との間の抵当権設定契約によって登記されたことになります。

　その後、乙区1番の抵当権設定登記を乙区2番で抹消登記し、甲区2番の所有権移転登記が行われ、さらに乙区3番の抵当権設定登記がなされました。よく見ると、これら3つの登記はすべて同じ日に、受付番号も1番違いで連続してなされたことがわかります。すなわち、前橋花子は株式会社南北銀行に弁済（借入金を返済）して抵当権を抹消し、その直後、高崎秀和に所有権を移転し、高崎秀和は所有権移転を受けた直後に株式会社ジャパン銀行との間で抵当権設定契約をした、という一連の不動産取引がなされたことがわかるのです。

figure

8

登記事項証明書の甲区・乙区のつながり

権利部 （甲区） （所有権に関する事項）

順位番号	登記の目的	受付年月日・受付番号	権利者その他の事項
1	所有権移転	平成11年3月26日 第3678号	原因　平成10年12月8日相続 所有者　○○県東西市南北町二丁目3番地4 　　前橋花子 順位番号3番の登記を転写 平成19年12月1日受付 第15326号
2	所有権移転	平成21年12月25日 第16335号	原因　平成21年12月25日売買 所有者　○○県東西市中町三丁目4番地5 　　高崎秀和

②高崎秀和
前橋花子
所有権移転登記

①前橋花子
（株）南北銀行
抵当権抹消登記

権利部 （乙区） （所有権以外の権利に関する事項）

順位番号	登記の目的	受付年月日・受付番号	権利者その他の事項
1	抵当権設定	平成20年1月20日 第1234号	原因　平成20年1月20日金銭消費貸借同日 設定 債権額　金1,000万円 利息　年2・15％（年365日の日割計算） 損害金　年14％（年365日の日割計算） 債務者　○○県東西市南北町二丁目3番地4 　　前橋花子 抵当権者　○○県南北市大手町1番1号 　　株式会社南北銀行 　　（取扱店　東西支店） 共同担保　目録（た）第2345号
2	1番抵当権抹消	平成21年12月25日 第16334号	原因　平成21年12月25日弁済
3	抵当権設定	平成21年12月25日 第16336号	原因　平成21年12月25日金銭消費貸借同日 設定 債権額　金2,500万円 利息　年1・15％（年365日の日割計算） 損害金　年14％（年365日の日割計算） 債務者　○○県東西市中町三丁目4番地5 　　高崎秀和 抵当権者　東京都八千代区角の内一丁目1番1号 　　株式会社ジャパン銀行 　　（取扱店　東西支店） 共同担保　目録（ち）第1234号

③（株）ジャパン銀行
高崎秀和
抵当権設定登記

これら①～③は同時に連続して登記されました。
一連の不動産取引がなされたことがわかります。

登記事項証明書の読み方
その2（建物）

登記事項証明書（建物）には、建物の物理的な現況や所有権に
関する事項等が記載されています。ここでは、具体的な記載事項
について見ていきます。

1 全部事項証明書（建物）の場合

建物の全部事項証明書も、「表題部＋権利部（甲区）＋権利部（乙
区）」という基本的な構造は、土地と同じです。ただし、表題部が
土地とは大きく異なります。

表題部には建物の物理的現況が記載されています。主な記載事項
は次のとおりです。

①不動産番号は、法務局が土地建物を含め全不動産の１つひとつに
　個別に付した固有番号です。
②所在は、建物の存在する場所です。土地の登記事項証明書の表題
　部と異なり、市区町村・町名等だけではなく、建物の敷地である
　土地の地番まで記載されます。
③家屋番号は、建物の番号です。原則的には「所在」に記載された
　建物の敷地である土地の地番と同じ番号が付きますが、同じ敷地
　内に複数の建物が存在する場合等、枝番が付いて「2番3の1」
　等となることがあります。
④種類は、居宅、事務所、店舗、工場等、建物の用途です。
⑤構造は、建物の躯体（くたい）・屋根材・階数が表示されています。
⑥床面積は、建物の各階の床面積です。平方メートルで記載し、小
　数点第2位まで表示します。

⑦原因及びその日付〔登記の日付〕は、建物の新築・増改築等の年月日等が記載されます。またカッコ書きで新築・増改築等の登記がなされた日付が記載されます。

　表題部は、登記記録の「見出し」に該当します。最低限、①不動産番号か、②所在＋③家屋番号がわからないと建物が特定できず、登記事項証明書を取得したり登記申請手続をしたりすることができません。

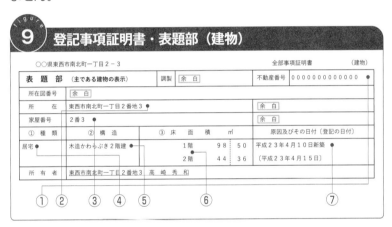

figure
9 登記事項証明書・表題部（建物）

2 権利部（甲区）（乙区）

　権利部（甲区）（乙区）については、土地の登記事項証明書で解説した内容と同じです。

登記事項証明書の読み方 その３（区分建物）

マンション（区分建物）の登記事項証明書には、区分建物の物理的な現況や所有権に関する事項等が記載されています。ここでは、具体的な記載事項について見ていきます。

1 マンションと不動産の権利

所有権・抵当権等不動産の権利は、原則として不動産の「個数」を単位として成立しています。建物については、「構造上の一棟」ごとに所有権や抵当権が成立するということです。

そうすると、マンションのような集合家屋の場合はどうなるでしょうか。

マンションを「構造上の一棟」として見るならば、「大きなビル１個」がその「単位」ということになります。しかしマンションは内部が独立的に区切られていて、その１部屋１部屋を単位として利用や取引が行われています。これを「大きなビル１個」丸ごと所有権等の権利の対象としたのではとても不都合です。

そこで「**建物の区分所有等に関する法律**」が制定され、マンション等集合家屋では、大きなビルのうち独立的に区切られた「１部屋」ごとに所有権等の権利の対象とすることができる、と定められています。このような１部屋ごとの所有権を**区分所有権**といい、区分所有権の対象である建物を**区分建物**といいます。

2 敷地利用権と分離処分禁止

区分建物では、その**敷地利用権**についても問題があります。

大きなマンションでは「ビル1個」に数百の区分建物が存在することも珍しくありません。このとき、建物の敷地利用権を区分所有権者全員の共有とし、その共有持分を建物の区分所有権とはバラバラに処分できるとすると、大きな混乱が生じます。

そこで「建物の区分所有等に関する法律」では、建物の区分所有権と敷地利用権を一体のものとして「**分離処分を禁止**」できる方策が取れるようになっています。

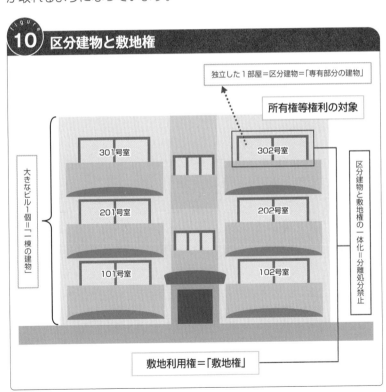

figure
10 区分建物と敷地権

独立した1部屋＝区分建物＝「専有部分の建物」

所有権等権利の対象

大きなビル1個＝「一棟の建物」

301号室	302号室
201号室	202号室
101号室	102号室

区分建物と敷地権の一体化＝分離処分禁止

敷地利用権＝「敷地権」

全部事項証明書（区分建物）の場合

　区分建物の全部事項証明書も、「表題部＋権利部（甲区）＋権利部（乙区）」という基本的な構造は、土地と同じです。ただし、表題部が一般の建物以上に大きく異なります。それは、前ページで解説した建物の区分所有権と敷地利用権が登記記録に反映されているからです。

　まず表題部が、①表題部（一棟の建物の表示）＋②表題部（敷地権の目的である土地の表示）、および③表題部（専有部分の建物の表示）＋④表題部（敷地権の表示）、という大きく２つの部分に分かれていることに注意してください。

> **一棟の建物**：マンション等の「大きなビル１個」のことです。
>
> **専有部分の建物**：大きなビルのうち独立的に区切られた「１部屋」である区分建物です。
>
> **敷地権**：「区分建物の敷地利用権で、建物の区分所有権との分離処分が禁止されているもの」をいいます。

　敷地権の登記がなされている区分建物は、建物に関する権利と敷地に関する権利が一体化し、分離処分が禁止になっています。

　この場合、簡単にいうと、登記記録も建物と土地が一体化し、所有権や抵当権に関する登記は区分建物の登記記録だけにして、土地の登記記録にはしない（土地の登記記録に登記しなくても、区分建物の登記記録にした登記の効力が土地〔敷地権〕にも及ぶ）こととされています。

　古いマンション等では敷地権の登記がないものもありますので、注意が必要です。

11 登記事項証明書・表題部（区分建物）

○○県山川市駅前町三丁目10-1-303　　　　全部事項証明書　　（建物）

| 専有部分の家屋番号 | 10-1-101　10-1-201　～　10-1-204 |
| | 10-1-301　～　10-1-304　10-1-401　～　10-1-403 |

表　題　部（一棟の建物の表示）　調製 余白　　　所在図番号 余白

| 所　　在 | 山川市駅前町三丁目　10番地1 | 余白 | |
| 建物の名称 | スターマンション駅前 | 余白 | |

①　構　　造	③　床　面　積　㎡	原因及びその日付〔登記の日付〕 ①
鉄筋コンクリート造陸屋根4階建	1階　100　55	〔平成30年3月5日〕
	2階　285　62	
	3階　285　62	
	4階　242　35	

表　題　部（敷地権の目的である土地の表示）

①土地の符号	②　所　在　及　び　地　番	③地　目	④　地　積　㎡	登　記　の　日　付 ②
1	山川市駅前町三丁目10番1	宅地	410　33	平成30年3月5日

表　題　部（専有部分の建物の表示）　　不動産番号 0000000000000

| 家屋番号 | 駅前町三丁目　10番1の303 | 余白 | |
| 建物の名称 | 303 | 余白 | |

①　種　類	②　構　　造	③　床　面　積	原因及びその日付〔登記の日付〕 ③
居宅	鉄筋コンクリート造1階建	3階部分　71　40	平成30年2月15日新築
			〔平成30年3月5日〕

表　題　部（敷地権の表示）

①土地の符号	②敷地権の種類	③　敷　地　権　の　割　合	原因及びその日付〔登記の日付〕 ④
1	所有権	91414分の7140	平成30年2月15日敷地権
			〔平成30年3月5日〕

| 所　有　者 | 東京都湾岸区六本木八丁目2番9号　スター　開　発　株　式　会　社 |

区分建物の表題部は、
一棟の建物、専有部分の
建物、敷地権が表示されて
いるので複雑だ

4 一棟の建物の表示、敷地権の目的である土地の表示

　表題部（一棟の建物の表示）には、マンション等の「大きなビル１個」全体の現況が記載されています。主な記載事項は次のとおりです。

①所在は、一棟の建物の存在する場所です。土地の登記事項証明書の表題部と異なり、市区町村・町名等だけではなく、一棟の建物の敷地である土地の地番まで記載されます。

②建物の名称は、マンション名等です。この記載がない場合もあります。

③構造は、一棟の建物の躯体・屋根材・階数が表示されています。

④床面積は、一棟の建物の各階の床面積です。平方メートルで記載し、小数点第２位まで表示します。

⑤原因およびその日付〔登記の日付〕は、一棟の建物が登記された日付です。

figure 12　表題部（一棟の建物の表示）（敷地権の目的である土地の表示）

○○県山川市駅前町三丁目１０－１－３０３　　　　　　　全部事項証明書　　　（建物）

| 専有部分の家屋番号 | | | １０－１－１０１　１０－１－２０１　～　１０－１－２０４ | | | |
| | | | １０－１－３０１　～　１０－１－３０４　１０－１－４０１　～　１０－１－４０３ | | | |

表　題　部　（一棟の建物の表示）		調製	余　白	所在図番号	余　白
所　　　在	山川市駅前町三丁目　１０番地１			余　白	
建物の名称	スターマンション駅前			余　白	

①　構　　造	③　床　面　積　　㎡			原因及びその日付〔登記の日付〕
鉄筋コンクリート造陸屋根４階建	1階	100	55	〔平成３０年３月５日〕
	2階	285	62	
	3階	285	62	
	4階	242	35	

表　題　部　（敷地権の目的である土地の表示）					
①土地の符号	②　所　在　及　び　地　番	③地　目	④　地　積　　㎡		登　記　の　日　付
1	山川市駅前町三丁目１０番地１	宅地	410	33	平成３０年３月５日

①　②　③　　　④　⑤　⑥　⑦　⑧　⑨　　　　　　　⑩

　表題部（敷地権の目的である土地の表示）は、敷地権の目的となる土地の全体の表示がなされています。主な記載事項は次のとおりです。

⑥土地の符号は、敷地権の目的である土地に付した番号です。後記表題部（敷地権の表示）に記載された土地の符号と対応しています。

⑦所在及び地番は、敷地権の目的である土地の所在・地番です。

⑧地目は、敷地権の目的である土地の用途です。

⑨地積は、敷地権の目的である土地の面積です。

⑩登記の日付は、敷地権の登記がなされた日付です。

5 専有部分の建物の表示、敷地権の表示

　表題部（専有部分の建物の表示）は、区分建物（独立的に区切られた１部屋）の現況が記載されています。主な記載事項は次のとおりです。

①不動産番号は、法務局が土地建物を含め全不動産の１つひとつに個別に付した固有番号です。一棟の建物には付されず、区分建物ごとに付されます。

②家屋番号は、区分建物の番号です。一般の建物と異なり、地番区域名（このサンプルでは「駅前町三丁目」）も表示されます。

③建物の名称は、一般的には「○○号室」や、その数字部分（201号室の201だけ）が表示されていることが多いです。ただし、それとはまったく異なる表示の場合もあるのでご注意ください。さらに、この記載がないこともあります。

④種類は、居宅、事務所、店舗等、区分建物の用途です。

⑤構造は、区分建物の躯体・階数が表示されています。区分建物に屋根材はない（屋根は一棟の建物のてっぺんだけにある）ことが普通ですので、記載のないことが多いです。

⑥床面積は、区分建物の床面積です。平方メートルで記載し、小数点第2位まで表示します。また、その区分建物が一棟の建物の何階部分に存在するのかも表示されます。

⑦原因及びその日付〔登記の日付〕は、建物の新築の年月日等が記載されます。またカッコ書きで新築等の登記がなされた日付が記載されます。

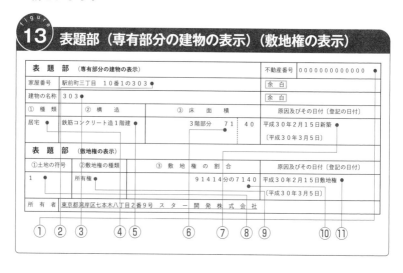

figure 13 表題部（専有部分の建物の表示）（敷地権の表示）

表 題 部	（専有部分の建物の表示）		不動産番号	0000000000000
家屋番号	駅前町三丁目　10番1の303		余 白	
建物の名称	303		余 白	
① 種 類	② 構 造	③ 床 面 積	原因及びその日付〔登記の日付〕	
居宅	鉄筋コンクリート造1階建	3階部分 71 40	平成30年2月15日新築 〔平成30年3月5日〕	

表 題 部	（敷地権の表示）			
①土地の符号	②敷地権の種類	③ 敷 地 権 の 割 合	原因及びその日付〔登記の日付〕	
1	所有権	91414分の7140	平成30年2月15日敷地権 〔平成30年3月5日〕	
所 有 者	東京都湾岸区七本木八丁目2番9号 スター 開 発 株 式 会 社			

① ② ③　④⑤　⑥　⑦ ⑧ ⑨　⑩⑪

　表題部（敷地権の表示）は、区分建物に対応する敷地権の表示がなされています。主な記載事項は次のとおりです。

⑧土地の符号は、敷地権の目的である土地に付した番号です。前記表題部（敷地権の目的である土地の表示）に記載された土地の符号と対応しています。

⑨敷地権の種類は、敷地権の権利の種類です。敷地権は所有権の他、地上権、賃借権等の場合があります。

⑩敷地権の割合は、区分建物に対応する敷地権が、敷地権の目的である土地全体に占める割合を示しています。つまり、この区分建物の所有者が保有している敷地の共有持分の割合です。

⑪原因及びその日付〔登記の日付〕は、敷地権が設定された日付が、またカッコ書きで敷地権の登記がなされた日付が記載されます。

　表題部は、登記記録の「見出し」に該当します。区分建物の場合、専有部分の①不動産番号か、②所在＋③家屋番号がわからないと建物が特定できず、登記事項証明書を取得したり登記申請手続をしたりすることができません。

6 全部事項証明書（区分建物）の権利部（甲区）（乙区）

　権利部（甲区）（乙区）については、土地の登記事項証明書で解説した内容と同じです。

　ただし、敷地権の登記がなされている区分建物は、登記記録も建物と土地が一体化し、区分建物の登記記録における所有権・抵当権等の登記の効力は、土地（敷地権）にも及ぶ（土地の登記記録には別個に登記をしない）ことにご注意ください。

古いマンション等で敷地権の登記がなされていない区分建物を取引するときには、土地（敷地）の登記事項証明書を取得する等して、土地の権利関係を別途確認する必要があります。ときには100人以上もの共有になっている場合もあります。そのような区分建物および敷地の取引・登記申請等をしようとするときは、司法書士等専門家に相談するほうが無難です。

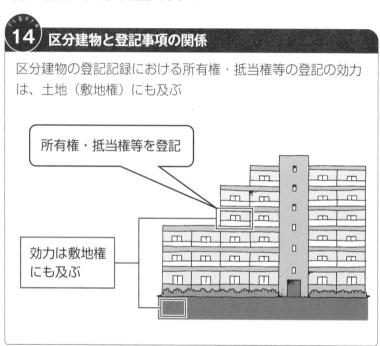

figure 14　区分建物と登記事項の関係

区分建物の登記記録における所有権・抵当権等の登記の効力は、土地（敷地権）にも及ぶ

所有権・抵当権等を登記

効力は敷地権にも及ぶ

7 登記情報提供サービス

> 登記記録はインターネット上でも確認することができます。ここでは、その確認方法や登記事項証明書（全部事項証明書）との違いについて見ていきます。

1 登記情報提供サービスとは

　登記記録は、**登記情報提供サービス**（https://www1.touki.or.jp 令和3年1月現在）でも確認することができます。

　このサービスで確認できる登記情報（全部事項）は、全部事項証明書と同じ登記記録の内容です。サービスは「利用者登録」をして利用する方法の他、「一時利用」をすることも可能です。

　登記情報（全部事項）は1件につき334円の手数料がかかり、クレジットカードで決済（一時利用、個人利用の場合）します。

　登記情報はPDFファイルの形でダウンロードでき、保存・印刷が可能です。

　サービス提供は平日8時30分から21時00分までと、登記事項証明書の取得よりも遅い時間まで利用可能になっています。ただし、土・日・祝祭日・年末年始はサービス提供を受けられません。

　登記情報提供サービスでは、全国のほぼ「全不動産」について、リアルタイムの登記記録をインターネット経由で確認することができます。

　登記情報提供サービスの登場によって、登記記録の確認はとても簡単かつスピーディーになりました。司法書士・土地家屋調査士等登記の専門家は、登記情報提供サービスを「利用しない日はない」というほど活用しています。

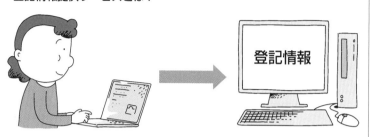

figure 15　登記情報提供サービス

・登記情報提供サービスとは？

・インターネット上で全部事項証明書と同じ登記記録の内容を確認できる有料サービスのこと。
・登記情報はPDFファイルで提供される。
・URL：https://www1.touki.or.jp

2　登記事項証明書（全部事項証明書）との違い

　登記情報提供サービスで（インターネットから）取得した登記情報と、全部事項証明書（法務局窓口で取得）の記載事項は「同じ登記記録の内容」です。それでは、どのように使い分けるのでしょうか。

　全部事項証明書には、末尾に次の例のようないわゆる**認証文**が付けられています。登記情報提供サービスの登記情報には、これがありません。

figure 16 認証文と照会番号

（登記事項証明書）

これは登記記録に記載されている事項の全部を証明した書面である。

令和〇年〇〇月〇〇日

〇〇地方法務局東西支局　　　　　　　　　　登記官　　　　　　　　　　法務太郎

〇〇地方
法務局東
西支局登
記官之印

＊下線のあるものは抹消事項であることを示す。　　　　　　　　整理番号　A00000　（1／1）　　　　1／1

> この部分（認証文）は登記事項証明書には付きますが、
> 登記情報提供サービスで取得した登記情報には付きません。
> 許認可申請時や金融機関への提出書類とする場合、
> 「認証文がないと不可」ということがあります。

> 登記情報には「照会番号」を付けられる制度があり、
> 官公庁など公共機関に提出するとき、「認証文」に
> 代わるものとして利用できる場合があります。

（登記情報）

2021/01/04 12:00 現在の情報です。
発行年月日：2021/01/04
照会番号　：0000000000
照会番号の有効期間は発行年月日から100日間です。

表　題　部　（土地の表示）		調製	余　白		不動産番号	0000000000000
地図番号	余　白	筆界特定	余　白			
所　在	東西市南北町一丁目					
①　地　番	②地　目	③　地　積　㎡			原因及びその日付〔登記の日付〕	
2番3	宅地		420	62	2番1から分筆	
					〔平成21年12月1日〕	

●認証文の例

これは登記記録に記録されている事項の全部を証明した書面である。

令和〇年〇月〇日

〇〇法務局〇〇支局　登記官　　秀和太郎

〇〇法務
局〇〇支
局登記官
之　　印

　例えば、官公庁への許認可申請をするときや、金融機関から融資を受けるとき等に、「所有不動産の証明書」の提出を求められることがあります。この場合、全部事項証明書は認証文があるからOK、登記情報はそれがないからNGといわれることが多いです。

　ただし、登記情報には**照会番号**を付けられる制度があり、官公庁等公共機関に提出するとき、認証文に代わるものとして利用できる場合があります。結局のところ、「登記記録の内容だけわかればよい」ときには登記情報、認証文まで必要なときには登記事項証明書、と使い分けるのが一般的です。

不動産登記はどんなときに必要になる？

不動産登記は、不動産を買ったときや贈与を受けたとき等に必要となります。ここでは、代表的な場面を挙げます。

1 不動産登記が必要となる代表的な場面

①**不動産を買ったとき、不動産の贈与を受けたとき**：不動産を買ったとき、不動産の贈与を受けたとき等、不動産の所有権を取得します。このとき所有権移転登記が必要です。

②**不動産を相続したとき**：親が所有していた不動産を相続したとき、不動産の所有権を取得します。このとき所有権移転登記が必要です。

③**住宅ローンを借入れするとき**：住宅ローンの借入れをするとき、金融機関のために住宅（不動産）に抵当権を設定します。このとき抵当権設定登記が必要です。

④**不動産の所有者が引っ越したとき**：不動産の所有者が引っ越すと、現住所と登記記録上の所有者の住所に相違が生じます。このとき、所有権登記名義人住所変更登記が必要です。所有者の住所が自動的に変更されることはありません。

⑤**不動産の権利が消滅したとき**：住宅ローンを完済すると、借入れ時に設定した抵当権は消滅します。このとき抵当権抹消登記が必要です。

⑥**建物を新築したとき**：建物を新築すると、新たな不動産（建物）が生まれることになります。このとき、建物表題登記と所有権保存登記が必要となります。

⑦**建物を取り壊したとき**：建物を取り壊すと、不動産（建物）が消滅することになります。このとき、建物滅失登記が必要となります。

figure
17
不動産登記が必要となる代表的な場面

①不動産を買ったとき、贈与を受けたとき 	②不動産を相続したとき 
③住宅ローンを借入れするとき 	④所有者が引っ越したとき 
⑤権利が消滅したとき 	⑥建物を新築したとき 

⑦建物を取り壊したとき

※あくまでも「代表的な場面」であり、不動産登記が必要な「すべての場合」を網羅したものではありません。

不動産登記はどんな効力がある？

chapter 1-9

不動産登記には、対抗力や権利推定力等の効力があります。ここでは、不動産登記が持つ効力について見ていきます。

1 表題部の効力

表題部は不動産（土地・建物）の物理的な現況を表したものです。これは所有権や抵当権等不動産の権利の**単位**にかかわってきます。原則として不動産の権利は、各登記記録（言い換えれば各登記事項証明書）を1単位として数え、その単位ごとに取引されます。

例えば、広い土地の一部だけを売買するときには「土地分筆登記」という登記を行い、登記記録を複数に分割して（1個だった登記記録をいくつかに割って）、売買対象となる土地の単位を特定します。

このように表題部は、権利部（甲区）（乙区）に登記された権利の対象が「どの不動産であるか」を特定するための単位を表す役割を持ち、その意味で、権利部の**見出し**としての効力を持ちます。

2 不動産情報資料として

表題部は、不動産の現況を表す**資料**としての役割も持っています。例えば建物であれば、どのような用途（種類）で使われ、どんな構造（軀体・屋根材・階数）で、どのくらいの広さ（床面積）なのか。表題部は、そのような「不動産情報資料」としての役割を、一応は持っているといえます。

ただし、その正確性についてはイマイチです。現在は「店舗」として使っている建物なのに「居宅」と登記されていたり、増改築による床面積の増減がアップデートされていなかったりします。

このように正確性にはやや疑問がありますので、資料として用いる際はその点を考慮する必要があります。

figure 18 表題部の効力

●不動産の権利の単位を表す

・土地1筆、建物1個に対応する登記記録がある

・広い土地は対象地を分割して（分筆登記をして）取引する

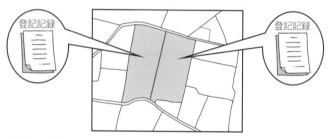

●不動産情報資料として

土 地			建 物		
地 目	土地がどんな用途で使われているか 宅地、田、畑、雑種地等		種 類	建物がどんな用途で使われているか 居宅、事務所、店舗等	
地 積	土地の面積 宅地は0.01㎡まで		構 造	躯体・屋根材・階数	
図 面	地図（公図） 地積測量図		床面積	各階ごとの床面積	
			図 面	建物所在図 建物図面・各階平面図	

あまり正確でないことがあります。

3 権利部（甲区）（乙区）の効力

　不動産登記は、権利部にこそ「本質」があります。一般的に「不動産登記の効力」という場合、権利部の登記についての効力のことを指します。

　権利部は、以下の効力を持ちます。

①対抗力

　民法では、不動産の権利（物権）の得喪・変更は「登記をしなければ、第三者に対抗することができない」と定められています。「対抗」の意味は法律的にはとても難しいので深入りしませんが、要するに不動産の権利は「登記をしなければ第三者に主張できない」という意味です。つまり、例えば不動産を買っても、それを登記しないでいると、「自分が所有者である」と主張できない（ことがある）のです。

　この効力を**対抗力**といいます。まさに不動産登記の本質であり、重要な効力です。

②権利推定力

　権利部に登記された権利関係は、正しいものであると「推定」されます。「推定」の意味も法律的にかなり難しいのですが、簡単にいえば「それに反する有効な根拠がない限り正しい」という意味です。つまり、登記された権利は、それが「間違いだ」という証拠がない限り「正しいもの」として取り扱われるのです。取引の安全のため、この効力も重要であり、**権利推定力**と呼ばれます。

③公信力は原則として「ない」

仮に登記が間違っていても、「登記を信頼して取引した者をすべて保護する」という効力のことを登記の**公信力**といいます。日本の不動産登記には、原則として公信力はありません。重要な例外はありますが、一般的にはあくまでも「不動産登記に公信力はない」と覚えておくほうがよいです。

figure 19 権利部の効力

効　力	内　容	備　考
○対抗力	登記をしなければ権利の取得等を第三者に主張できない。	不動産登記（権利部）の本質ともいえる。
○権利推定力	登記された権利は、それに反する証拠がない限り正しい。	取引の安全のため重要な効力。
×公信力	登記を信頼して取引した者をすべて保護する。	原則として公信力はない。ただし、虚偽の登記であることを知りながら放置した場合などに認められることがある。

不動産登記の専門家とは？

不動産登記の専門家として、司法書士と土地家屋調査士がいます。それぞれの業務について見ていきます。

1 不動産登記の専門家とは？

「不動産登記の専門家」とは、一般的に、不動産の所有者等から委任を受けて、代理人として登記申請手続をすることを「業」とする資格者のことをいいます。

2 司法書士と土地家屋調査士

不動産登記の専門家は、**司法書士**と**土地家屋調査士**です。

司法書士は、他人の依頼を受けて、登記に関する手続きを代理することを業とします。ただし、司法書士は、不動産の表示（表題部）に関する登記申請手続はできません。

土地家屋調査士は、他人の依頼を受けて、不動産の表示（表題部）に関する登記の申請手続をすることを業とします。土地家屋調査士は司法書士とは逆に、権利部（甲区）（乙区）に関する登記申請手続はできません。

③ 無資格者は登記申請を「業」とすることはできない

司法書士・土地家屋調査士以外の者が、業として登記申請書を作成したり、登記申請手続の代理をしたりすることは、罰則をもって禁じられています。相手が無資格者と知らずに登記申請手続を依頼し、間違った登記がなされてしまったり、高額な報酬を請求されたりするケースが散見しますので、ご注意ください。

ただし、禁止されるのは「業」として登記申請手続の代理をすることなので、自分の所有する不動産について自分自身で登記申請手続をすること等は、原則として禁止されるものではありません。

figure ⑳ 司法書士と土地家屋調査士

	司法書士	土地家屋調査士
業　務	他人の依頼を受けて、登記、供託および訴訟等に関する事務を行うことを業とする。	他人の依頼を受けて、不動産の表示（表題部）に関する登記等に関する事務を行うことを業とする。
取り扱う主な登記申請	所有権移転、抵当権設定、抵当権抹消、所有権登記名義人住所変更等	土地分筆、土地合筆、地目変更、建物表題登記、建物滅失等
特　徴	不動産の権利に関する登記の他、会社・法人に関する登記、訴訟（裁判所提出書類の作成、簡易裁判所訴訟代理）、供託、成年後見等幅広い法律事務を行う。	不動産の表示（表題部）に関する登記の専門家であり、密接に関連する測量業務・建物調査業務・作図能力等に高い専門性を有する。

司法書士・土地家屋調査士以外の者が、業として登記申請書を作成したり、登記申請手続の代理をしたりすることは、罰則をもって禁じられています。

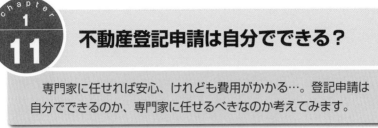

不動産登記申請は自分でできる？

専門家に任せれば安心、けれども費用がかかる…。登記申請は
自分でできるのか、専門家に任せるべきなのか考えてみます。

1　なるべく専門家に委任することがお勧め！

　不動産登記の申請は、**なるべく専門家に委任して行うことをお勧
めします**。本書の趣旨に反するようではありますが、きちんと説明
せず、「登記申請はすべて自分でできる！」等と言ったら、かえって
ウソになってしまうでしょう。

　以下、その理由を挙げます。

①不動産取引と登記申請は密接不可分

　売買等不動産取引では、契約上の義務の履行と登記申請が密接に
関連しています。不動産取引（代金決済）のその場で、登記申請の
必要書類が不足なくそろっていると間違いなく判断するのは、司法
書士以外には不可能だと思います。必要書類が1枚でも足りなけれ
ば、取引を完結させることができません。

　不動産取引において、登記申請は単なる「事後的な届出」ではあ
りません。それ自体が取引の一部としての意味を持ちます。それを
確実に履行するためには、司法書士の関与が不可欠です。

②中立的な専門家としての意味

　不動産売買の買主が、売主から委任状をもらって自ら登記申請す
る場合を想定してみます。売主は、「実印を押印した委任状と印鑑
証明書」を買主に交付しなければなりません。これは売主としては、

一般的にかなり抵抗感があることでしょう。

　中立的な専門家である司法書士が受任するからこそ、売主はそのような重要書類でも任せることができるのです。あまり目立ちませんが、登記申請には「利害の対立」を含んでいます。したがって、手続きの遂行には中立性が重要となります。単に知識として「登記申請できる・できない」だけの問題ではありません。

③登記申請の背景となる法律問題

　登記申請を行う場合、背景となる法律問題にも目を配る必要があります。例えば相続による所有権移転登記を申請しようとするとき、本当は不動産を取得せずに、相続放棄を選択すべきだった、というケースもあります。単に「登記記録（登記の名義）が書き換わればよい」というものではありません。思わぬ法律の落とし穴に陥ることのないよう、専門家に相談することが重要です。

④本人確認・意思確認

　司法書士が登記申請を受任する場合は、専門家として委任者の本人確認・意思確認を行います。

　不動産取引をめぐっては、「所有者のなりすまし」による巨額詐欺事件が起きています。また「なりすまし」はなくても、後日になって「その土地を売るつもりはなかった」「言った・言わない」の争いを生じることがあります。司法書士の本人確認・意思確認を経ることで、そのようなリスクを低減できます。

⑤調査・測量、作図、境界立会の問題

　不動産の表示（表題部）に関する登記の申請では、現地調査が必須で、本格的な測量を必要とする場合が多くあります。また、専門

的な作図を必要とする場合も多いです。

　また、土地分筆登記の申請にあたっては隣地関係者の立会が必須ですが、土地の境界については争いが生じやすいもの。専門家の関与・説明なしには、なかなか円満には話がまとまりません。

　このような調査・測量、作図、境界立会等の問題を考えると、不動産の表示（表題部）に関する登記の申請は、原則として土地家屋調査士に委任すべきです。

2 自分でできる登記申請は？

　それでも専門家に任せず、「登記申請を自分でしたい」という希望はあるでしょう。本書もその希望に応えるためにこそ書かれています。

　そこで、専門家に頼まず、自分でもできると思われる登記申請について例示します。

①所有権登記名義人住所変更登記

　登記記録上の所有者の住所が変更になったときの所有権登記名義人住所変更登記は、単独申請（関係者が自分1人）であること、権利の取得や喪失には関係しない登記であること等の理由で、自分で登記申請できる可能性が大いにあります。

②当事者間に十分な信頼関係のある場合

　例えば、夫婦間で自宅を贈与する場合の所有権移転登記や、相続人が被相続人（死んだ人）の配偶者と子1人だけの場合の相続による所有権移転登記では、当事者間に十分な信頼関係があるため、重要書類の交付や本人確認・意思確認等に難が少なく、自分で登記申請することも比較的容易だと思われます。

③住宅ローン完済時の抵当権抹消登記

　住宅ローンを完済すると、金融機関等から抵当権抹消登記申請に必要な書類一切を交付されるケースがあります。この登記はそれほど複雑な手続きではないため、自分で登記申請をするチャンスかもしれません。

④建物取壊しによる建物滅失登記

　調査・測量、作図等の問題で、自分で登記申請するにはなかなかハードルの高い表示（表題部）に関する登記ですが、建物の取壊しによる建物滅失登記については、作図の必要がなく、現地調査も「建物が取り壊されたかどうか」だけの問題ですので、自分で登記申請することも比較的容易です。

figure 21	自分でできる登記申請の類型	
	自分でできる登記申請の類型	難しい場合・注意点など
1	所有権登記名義人住所変更登記	住民票等で、登記記録上の住所から現住所までの経過がわからない場合がある。戸籍の附票等でさらに調査が必要だが、それでも経過が明らかでないときは、難しい登記となる。
2	当事者間に十分な信頼関係のある場合（夫婦間の贈与による所有権移転登記、相続人の少ない相続による所有権移転登記等）	背景となる法律問題や紛争がある場合には、登記だけの問題では終わらない。贈与も相続も、税金の問題を別途考慮する必要がある。
3	住宅ローン完済時の抵当権抹消登記	金融機関が社名を変えたり、本店を移転したり、合併を繰り返したりしているときには、難易度が上がる。
4	建物取壊しによる建物滅失登記	取壊しでなく焼失の場合、建物の所有者が死亡している場合等、難易度が上がる。
いずれにせよ、複雑な登記、関係当事者の多い登記申請は、自分で行うことが困難です。迷ったときには相談だけでも司法書士・土地家屋調査士にしたほうがよいと思われます。		

自分で登記申請をする メリットとデメリット

自分で不動産登記申請をする場合、専門家の報酬分の節約ができる一方、時間や労力がかかります。ここでは、自分で登記申請をするメリットとデメリットを詳しく見ていきます。

1 一般的なメリットとデメリット

すでに解説したとおり、本書の立場は「不動産登記の申請はなるべく専門家に任せることをお勧めするが、自分で登記申請できる場合もある」というものです。なので、一概に自分で登記申請する場合のメリット・デメリットをいうのは抵抗がありますが、一般論としては以下の点が挙げられます。

①メリット

司法書士・土地家屋調査士に委任して登記申請をすれば、その報酬（手数料）がかかります。自分で登記申請をすれば専門家の報酬分の節約となります。

「登記にはどのくらい費用がかかりますか？」と聞かれることがよくありますが、登記の種類・内容、不動産の価格等によって大きく異なりますので、簡単にはいえません。

場合によっては、司法書士・土地家屋調査士に「登記費用の見積り」をお願いしてもよいでしょう。ただし、登記費用の見積りをするには、対象となる不動産の登記事項証明書、評価証明書、契約書の写し、地図・図面等関係資料と詳しい説明が必要になります。「ちょっと電話してだいたいの金額だけ聞く」ということは難しい（答えようがない）ので、ご注意ください。

また、一般的に「登記費用」という場合、専門家の「報酬」と登録免許税や印紙代等「実費」を含んだ金額となります。自分で登記申請する場合でも、「実費」については専門家に委任した場合と変わりませんので、ご注意ください。

figure 22 登記の費用

●登記にはいくらかかる？

登記の種類・内容、不動産の価格等によって「大きく」異なる

●登記費用の見積りはどう行う？

・登記事項証明書
・評価証明書
・契約書の写し　　　資料と詳しい説明が必要！
・地図、図面
　　　　etc.

「ちょっと電話して聞く」は難しい！

●登記費用の内訳はどうなっている？

登記費用 ＝ 専門家の報酬（手数料）＋ 実費（登録免許税など）

実費は自分で登記しても同じだけかかる！

②デメリット

　一方、自分で登記申請する場合のデメリットとしては、相当の時間と労力を取られるということが挙げられます。

　前提知識が「ゼロ」の状態から登記申請を行う場合、法律の勉強をしたり、必要な事項を調べたり、登記申請書を作成したりで、登記の完了までにはかなりの時間と労力を費やすことになります。登記申請手続はかなり厳格な形式主義であり、関係書類が「1文字」間違っていても、原則として登記は完了しません。登記申請書等の作成にあたっても、登記事項と添付情報の記載の関連性等、気配り・目配りすべき項目が多く、なかなかに骨が折れます。

　また、登記申請が他の法律問題と関係する場合等、専門家に依頼していればわかる問題も気付かないことがあるかもしれません。これも自分で登記申請する場合のデメリットといえるでしょう。

2　専門家に任せる場合のメリットとデメリット

　登記申請を専門家に任せる場合のメリット／デメリットは、自分で登記申請する場合のメリット／デメリットと逆になります。つまり、報酬がかかりますが（デメリット）、その代わりに時間・労力は少なく済み、関連する法律問題についてのアドバイスも受けられる（メリット）ということです。

　専門家に委任する場合、登記申請手続は基本的に「お任せ」で大丈夫ですが、それは「黙っていても希望どおりの登記になる」ということではありません。登記に間違いが生じないよう、専門家はむしろ煩雑なほど確認を求めますので、打合せの機会は十分に取る必要があります。また、添付情報（書類）については、当事者本人が保有しているもの、本人でなければ取得できないものがあるので、そのような情報（書類）の提出・取得の労力は省けません。

23 自分で登記をする場合のデメリット

●自分で登記申請するデメリット

- ・法律の勉強
- ・必要事項の調査
- ・登記申請書の作成
- ・相談、書類の提出のため法務局に出向く
- ・補正、登記完了後の書類受領

} 時間と労力を費やす

> ・関連する法律問題について相談することは
> できない
> ・専門家に相談しなかったばかりに登録免許税の
> 軽減措置等に気付かないことも

●専門家に依頼すると

メリット	・時間と労力を節約できる ・法律問題の相談ができる
デメリット	・費用（報酬・手数料）がかかる

> 自分で登記申請するときとメリット／デメリットが
> 逆になる

13 法務局で手続案内を受けるには？

不動産登記を取り扱う法務局では登記申請手続に関する情報提供を行っています。ここでは、法務局で情報提供を受ける方法について見ていきます。

1 一般的な事項について説明

現在、法務局では**登記手続案内**（以前、登記相談と呼ばれていたもの）を実施しています。登記申請手続に関する情報提供を行うという趣旨ですが、実質的には相談に近いものです。

ただしその内容は、登記申請書や添付情報等にどのような内容を記載するか、「一般的な事項」についての説明となります。書類に直接手を加えたり、「ここはこう書いてください」という指導をしたりはできません。また、登記申請書に不備がないかどうかを審査するものでもありませんので、「これで大丈夫！」と登記の完了を保証するものでもありません。

ましてや、「土地を買うには何に気を付けたらよいか」とか「遺産分割協議の内容はこれで問題ないか」等、法律相談は一切受けられませんので、ご注意ください。

登記手続案内は、ほとんどの法務局で予約制となっていますので、法務局のホームページ等で確認してください。また、「1回20分以内」等時間制限があります。

24 ある法務局の「登記手続案内」のお知らせ

「登記手続案内」のお知らせ

「登記相談」の名称を「登記手続案内」に変更します。

登記手続案内においては、下記の点にご留意いただきますようお願いいたします。

1. １回のご利用は、20分以内です。
2. 申請書類にどのような内容を記載するか一般的な事項について説明します。
3. 登記手続案内は職員が申請前の書類に不備がないか審査するものではありません。
4. 申請書類の一般的な記載事項については説明しますが、職員が書類に手を加えることや、具体的な事案に沿ったアドバイスをすることはできません。
5. 登記手続案内は、内容の適合性・登記の完了を保証するものではありません。
6. 申請人本人（親族・従業員）のご利用に限らせていただきます。申請人の方の本人確認を行いますので、ご協力願います。

    法令上、申請代理を行う資格のない方（税理士、行政書士等）はご利用になれません。

《予約の方法》

法務局の窓口もしくは電話により受け付けております。

登記申請書や添付情報の書式等は どこで手に入る？

法務局ホームページには登記申請手続に必要となる書式や手続きの案内等が掲載されています。

 登記申請書の記載例が充実

法務局のホームページでは、登記申請書や添付情報の書式、登記申請手続の案内等を掲載しています。

http://houmukyoku.moj.go.jp/homu/touki1.html

(令和3年1月現在)

URLは変更になることもありますので、「法務局　登記申請書」等の検索ワードで検索するほうがよいでしょう。

このホームページは、登記申請書等の「記載例」が非常に充実しています。著者のような専門家でもときには参照し、確認のため利用するくらいです。添付情報に関するものを含め、解説は詳細なもので、一般の方向けのものとしては十分な情報量を持っています。

法務局に出向いて登記手続案内を受ける前に、ホームページの該当する書式・記載例を熟読することをお勧めします。

CHAPTER 1 不動産登記のキホン

figure
25 法務局ホームページ

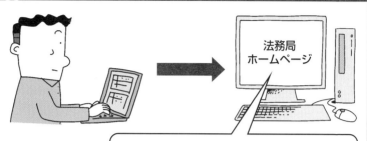

以下のURLに登記申請書や添付情報の書式、登記申請手続の案内等を掲載

http://houmukyoku.moj.go.jp/homu/touki1.html

▼法務局ホームページの不動産登記申請手続のページ

Column

登記記録と不動産情報

不動産に関する情報にはさまざまなものがあります。

例えば、多くの人が知りたいと思うのは不動産価格の情報でしょう。不動産の価格は、固定資産税評価額、相続税評価額（路線価）、公示価格等多くの種類がありますが、登記記録（登記事項証明書）に価格の情報は記載されていません。せめて固定資産税評価額だけでも記載してくれれば、登録免許税の計算も楽なのですが……。

それ以外にも、市街化区域・市街化調整区域の別、用途地域の種類、ハザードマップ、防災情報等、重要な不動産情報であっても登記記録ではわかりません。

登記記録でわかるのは、あくまでも不動産の「権利関係」だけ。不動産についてその他の情報を知りたいときには、別途、市区町村や都道府県の役所、国の機関等で調べなければなりません。知りたい情報によって確認すべき役所・機関もまちまちなので、なかなか骨の折れる調査となります。

これは「縦割り行政」の弊害というべきでしょう。登記記録は法務省の管轄ですが、価格情報についていえば、固定資産税評価額は市区町村の管轄、相続税評価額は国税庁の管轄、地価公示は国土交通省の管轄で、互いに連携が取れていません。

登記記録を含め不動産のさまざまな情報が「紙ベース」で作られていた時代ならいざ知らず、現在はほぼすべての情報がコンピューターデータ化されているはずです。それならデータの連携は比較的容易なことと思われます。登記記録を「軸」として、さまざまな不動産情報が一元的に調べられるようなシステムの構築を望みたいものです。

chapter

2

不動産登記申請手続の キホン

　不動産登記の申請では、登記申請書と添付情報を作成・準備して、法務局に提出する必要があります。本章では、不動産登記の申請に必要となる基本的な手続きとその流れ、必要書類、登記完了後の対応等を解説します。

不動産登記と登記申請

> 「登記をする」？ 「登記申請をする」？ これらには違いがある
> のでしょうか。また、どちらが正しいのでしょうか。

1 「登記をする」のは誰？

はじめに理屈をこねるようですが、不動産登記の「登記をする」
のは誰でしょうか？

答えは「登記官」です。登記とは、「法務局（国）が保管する登
記記録に情報を書き込む（変更する）こと」ですから、それを登記
官でない者が直接行うことはできません。

しかし、もちろん登記官は自由に勝手な登記をするわけではあり
ません。登記官は原則として、「こういう登記をしてください」と
いう「登記申請」があって初めて、その登記申請の内容どおりの「登
記をする」ことができるのです。逆にいえば、例えば不動産の売買
がなされて所有者が変わったことを知っていても、「登記申請」が
なければ登記官は登記をしませんし、できません。

「当事者の登記申請があって初めて登記がなされる」という原則
を、**当事者申請主義**といいます。

2 登記申請はどうやってする？

不動産登記の申請は、法務局（登記官）に「書面」を提出して行
わなければなりません。つまり登記官に「口頭」でどんなに登記を
お願いしても、「登記申請書等の書面」を提出しなければ登記をし
てくれません。

この原則を**書面主義**といいます。ただし、オンライン申請の場合には、「書面」の意味が多少異なります。

③ 表示（表題部）に関する登記の場合

表示（表題部）に関する登記については例外があり、上記の説明と異なる場合もあります。ただし、それはあくまでも例外。表示（表題部）に関する登記であっても、原則としては「当事者申請主義」および「書面主義」であると考えて差し支えありません。

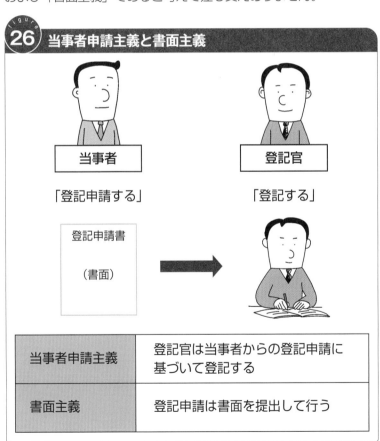

figure 26 当事者申請主義と書面主義

当事者	登記官
「登記申請する」	「登記する」

登記申請書
（書面）

当事者申請主義	登記官は当事者からの登記申請に基づいて登記する
書面主義	登記申請は書面を提出して行う

不動産登記の申請人
……登記権利者と登記義務者

不動産登記の申請をすべき人は誰でしょうか？　ここでは、登記の申請人と登記権利者・登記義務者について見ていきます。

1 申請をすべき人

　一般論としては、登記申請は不動産について現に権利を有する人、権利を取得した人・失った人等がその申請人となります。ただし具体的な登記申請の種類によって誰が申請人になるかは異なり、それを確定する「理論」については難しいものがあります。

　実務的には、登記申請の種類ごとに申請書の書式（その解説）や書籍等で「申請人は誰になるのか」を確認するのがいいでしょう。

2 登記権利者と登記義務者

　例えば、不動産の売買が行われた場合を想定してみます。

　この場合、「所有権移転」の登記申請を行う必要がありますが、申請人は、以下の両者になります。

①不動産を買ったことで新たに不動産を「取得した人」
②不動産を売ったことで持っていた不動産を「失った人」

　この両者は「共同して（両者そろって）」登記申請をしなければなりません。これを**共同申請**といいます。

　また、①「取得した人」は登記上の権利をもらう者という意味で**登記権利者**といい、②「失った人」は登記上の権利をあげる者（あげる義務を負う者）という意味で**登記義務者**といいます。

不動産登記（権利に関する登記）の申請は、「登記権利者と登記義務者の共同申請」で行うのが原則です。

figure
27 共同申請の仕組み

買主＝登記権利者　　　　　　　売主＝登記義務者

共同で申請

登記権利者と登記義務者（具体例）

　もう少し具体的に「登記権利者・登記義務者・共同申請」を見てみましょう。

　右ページの①登記記録（登記申請前）では、「前橋花子」が所有者として登記されています。

　この所有者「前橋花子」が登記記録の不動産を「高崎秀和」に売った場合、②登記申請書による所有権移転登記申請を行います。「（登記）権利者　高崎秀和」と「（登記）義務者　前橋花子」は、共同して（両者そろって）この登記申請を行うのです。どちらか一方では登記申請できません。

　②登記申請書による所有権移転登記申請の結果、③登記記録（登記申請後）のように登記が行われました。

　この具体例によって、「登記権利者と登記義務者による共同申請」の意味がわかりやすくなるかと思います。

4 共同申請の例外

　登記申請の種類によっては、そもそも登記権利者・登記義務者（登記上の権利を取得する・失う）という概念を想定できない場合もあります。このような場合には、単独の申請人が登記申請を行います。これを**単独申請**といいます。

　表示（表題部）に関する登記は原則として権利に関係ないので、単独申請で行います。権利に関する登記でも、所有権保存登記や相続を登記原因とする所有権移転登記等では、単独申請となります。

　前にも述べましたが、登記の申請人が誰になるのかを見極めるのはなかなか難しいことです。共同申請であるのか単独申請であるのかについても、登記申請の種類ごとに書式や書籍等で確認してください。

28 登記権利者と登記義務者による共同申請

①登記記録（登記申請前）

権　利　部	（甲区）	（所 有 権 に 関 す る 事 項）	
順位番号	登 記 の 目 的	受付年月日・受付番号	権 利 者 そ の 他 の 事 項
1	所有権移転	平成25年2月1日 第○○○○号	原因　平成25年2月1日売買 所有者　○○県東西市南北町二丁目3番地4 　　前　橋　花　子

②登記申請書

```
                登記申請書

        登記の目的　　所有権移転
        原　　　因　　平成26年3月1日売買
        権　利　者　　○○県東西市中町三丁目4番地5
                    高崎秀和
        義　務　者　　○○県東西市南北町二丁目3番地4
                    前橋花子
```

登記権利者と登記義務者
による共同申請
（両者そろって申請する）

③登記記録（登記申請後）

権　利　部	（甲区）	（所 有 権 に 関 す る 事 項）	
順位番号	登 記 の 目 的	受付年月日・受付番号	権 利 者 そ の 他 の 事 項
1	所有権移転	平成25年2月1日 第○○○○号	原因　平成25年2月1日売買 所有者　○○県東西市南北町二丁目3番地4 　　前　橋　花　子
2	所有権移転	平成26年3月1日 第○○○○号	原因　平成26年3月1日売買 所有者　○○県東西市中町三丁目4番地5 　　高　崎　秀　和

（権利を）失った人
登記義務者

（権利を）取得した人
登記権利者

書面申請とオンライン申請

不動産登記は「書面主義」ですが、実はオンライン申請という
方法もあります。どちらを選択すべきかについて見ていきましょう。

1 オンライン申請

不動産登記の申請は「書面主義」であると説明しました。しかし、
実は**申請用総合ソフト**という専用ソフトウエアを使用したオンライ
ン申請を行うこともできます。「申請用総合ソフト」は、法務省の「登
記・供託オンライン申請システム」のホームページから無料でダウ
ンロードできます。

つまり、不動産登記は以下の「どちらか」で申請することになります。

①書面申請
②「申請用総合ソフト」を使ったオンライン申請

なお、オンライン申請には必ず「申請用総合ソフト」を使用する
必要があります。その他の方法、例えば電子メールで登記申請書デ
ータを送る方法等では、登記申請することはできません。

2 書面申請とオンライン申請、どちらを選択するか？

それでは、書面申請とオンライン申請、どちらを選択すべきでし
ょうか？

本書の読者の皆さんは、やはり書面申請を選択すべきだと思いま
す。オンライン申請は、電子署名の必要性やソフトウエアおよびハ
ードウエアの条件があり、1回限りの登記申請をするためにはやや
ハードルが高いと思います。

本書ではすべて書面申請を前提に解説しています。オンライン申請についてもっと詳しく知りたい方は、「登記・供託オンライン申請システム」のホームページをご覧ください。

figure 29 書面申請とオンライン申請

●申請の種類と方法

書面申請	添付情報を含めすべて書面を提出して登記申請を行う。
オンライン申請	専用ソフト「申請用総合ソフト」を使用して登記申請を行う。添付情報の一部は書面でも提出できる。

どちらで申請しても登記の効力に違いはない！

●どちらを選択するか？

オンライン申請には以下の準備が必要になる。

・電子署名（電子証明書）
・ソフトウエア（PDFソフト、電子署名プラグイン等）
・ハードウエア（PC、スキャナー等）

1回限りの登記申請にはややハードルが高い？

・オンライン申請について詳しく知りたい人は「登記・供託オンライン申請システム」のホームページでご確認ください。
https://www.touki-kyoutaku-online.moj.go.jp
・この他、「申請用総合ソフト」を一部利用した QR コード付き書面申請の制度もありますが、それも書面申請の一類型です。本書では説明を省略します。

登記申請書のキホン

登記申請書には何を書いたらよいのでしょうか？　ここでは、
登記申請書の作成方法と記載内容について見ていきます。

1　登記申請書と添付情報

　不動産登記は「書面主義」ですが、「書面」をもっと具体的にい
えば**登記申請書**と**添付情報**のことを指します。

　登記申請書とは、登記の申請人が登記官に対し、「こういう登記
をしてください」という内容を記した書面のことです。一方、添付
情報とは、登記申請書の内容の「裏付け」となる情報が記された書
面です（添付「情報」とはいいますが、ほぼ100％、書面で作成さ
れたものです）*。

2　「書式」の利用を！

　登記申請書は、A4の用紙で作成します。記載はプリンター印字
でも手書きでも、どちらでも構いませんが、手書きの場合、鉛筆や
消せるボールペン等は使えません。用紙の両面に書いてはダメとい
う規定はありませんが、一般的には用紙の片面だけを使用して記載
します。

　登記申請書に何を書くかについては、①すべての登記申請書に共
通する記載事項と、②登記の種類によって異なる記載事項がありま
す。しかし、これを文章や一覧表にして説明するのはかなり細かい
話になり、わかりにくいものです。

　そこで重要なのは、登記申請書の**書式**です。本書の第３章や法務
局のホームページ等では、登記の種類ごとにさまざまな書式が準備

されていますので、行おうとする登記申請に合わせ、まずは該当する書式を探し出し、書式に沿って登記申請書を作成するのが現実的な方法です。

30 登記申請書の作成

●書面とは？

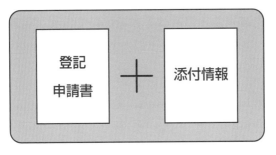

登記
申請書 ＋ 添付情報

●登記申請書等の作成方法

本書第3章や法務局ホームページの書式を利用

＊添付「情報」とはいいますが～　登記申請「書」・添付「情報」という用語には不統一感を覚えますが、法務局が公表している書式の記載にしたがって、この用語（登記申請書と添付情報）を使用します。

添付情報とは？

添付情報としてはどのようなものを準備したらよいのでしょうか？　ここでは所有権移転登記申請を例に、具体的に見ていきます。

1 網羅的に覚えることはできないので、書式等で調べる

添付情報とは、文字どおり登記申請書に「添付して提出する情報」のことです。「情報」とはいいますが、ほぼ100%、書面で作成されたものです。

添付情報は、登記申請書の記載内容等の「裏付け」となる情報として提出します。

不動産の売買があった場合の所有権移転登記申請を例に、必要となる添付情報を解説してみます。

①**登記識別情報**を提出（提供）します。これについてはあとで詳しく説明します。

②所有権移転登記の「原因となる法律行為（契約）」の存在を証する書面の添付が必要です。これを**登記原因証明情報**といい、具体的には売買契約書等を添付します。

③代理人によって登記申請をする場合には**代理権限証明情報**が必要であり、具体的には**委任状**を添付します。

④売主（登記義務者）が確かに自己の所有不動産を売ったという所有権移転の意思を担保する情報として、**印鑑証明書**（あわせて登記申請書または委任状に実印を押印）を添付します。

⑤新たに不動産の所有者となった買主（登記権利者）の**住所証明情**

報が必要であり、具体的には住民票を添付します。

⑥登録免許税算出のための**評価証明書**（評価通知書）の添付が必要
になります。

　すべての登記申請書について、こういった添付情報の種類を網羅
的に覚えるのは困難です。書籍や書式（その解説）等を頼りに、目
的の登記申請の種類ごとに、必要な添付情報を調べましょう。本書
の第3章でも、登記申請の種類ごとに添付情報について詳しく解説
しています。

figure 31 所有権移転登記申請（売買）の添付情報の例

添付情報	具体的には？	
登記識別情報	英数字12桁の記号番号	①
登記原因証明情報	売買契約書等	②
代理権限証明情報	委任状	③
印鑑証明書	市区町村役場発行の印鑑登録証明書 （発行から3か月以内） （登記申請書または委任状に実印を押印）	④
住所証明情報	住民票	⑤
評価証明書 （評価通知書）	市区町村役場発行の固定資産評価額証明書 等（登記申請時における最新年度のもの）	⑥

すべての登記申請書について添付情報の種類を網羅的に覚えるのは困難であ
り、書籍や書式等で登記申請の種類ごとに必要な添付情報を調べる必要があ
ります。

登記原因証明情報とはどんなもの？

登記原因証明情報とは、登記の原因である契約や事実を証する書類です。ここでは、具体的にどのような書類が必要となるかについて見ていきます。

1 登記原因証明情報とは

不動産登記（権利に関する登記）では、その登記申請をするに至る「原因」が存在します。

例えば、所有権移転登記についていえば、不動産の売買や贈与等の契約、親の死亡による相続等の原因があって所有権が移転し、その結果として登記申請を行うことになります。

抵当権抹消登記についてはどうでしょう。抵当権によって担保される住宅ローン等の債権を完済（弁済）すると、それが原因となって抵当権が消滅し、その結果として登記申請を行うことになります。

所有権登記名義人住所変更登記はどうでしょう。不動産の所有者が引っ越しをして住所（住民票上の住所）が変わると、それが原因となって登記記録上の住所に変更が生じます。その結果として登記申請を行うことになります。

不動産登記の申請（権利に関する登記）では、原則として登記申請書に**登記の原因**を記載する必要があり、それと同時に、その「原因」である法律行為（契約等）や事実（相続、住所移転等）があったことを「証明する書類」を添付する必要があるのです。

このような、登記原因を証明する書類のことを登記原因証明情報といいます。

figure
32　登記原因証明情報の例

登記申請の種類	登記原因証明情報
所有権移転登記 （売買）	売買契約書または 登記申請のために作成した「登記原因証明情報」等
所有権移転登記 （贈与）	贈与契約書または 登記申請のために作成した「登記原因証明情報」等
所有権移転登記 （相続）	戸籍・除籍・改製原戸籍謄本等および 遺産分割協議書（印鑑証明書付き）等
抵当権抹消登記	弁済証書、抵当権解除証書等
所有権登記名義人 住所変更登記	住所移転の経緯がわかる住民票等

登記申請の種類によって登記原因証明情報は異なります。登記申請の種類ごとに、必要な登記原因証明情報を書籍や書式等で調べる必要があります。

何を登記原因証明情報とするか？

　登記申請書に、登記原因証明情報として何を添付するのかは、登記申請の種類によって異なります。

　前項の例でいえば、売買や贈与を原因とする所有権移転登記申請では**売買契約書・贈与契約書**等の契約書、弁済を原因とする抵当権抹消登記では債権者が弁済を受けたことを証明する**弁済証書**、住所移転を登記原因とする所有権登記名義人住所変更登記では住所移転を証明する**住民票**等が、それぞれ登記原因証明情報になります。

　また、上記の売買契約書・贈与契約書等については、当事者間で取り交わした契約書そのものを添付することもありますし、登記申請書に添付するための登記原因証明情報を、契約書とは別個に作成して添付することもあります（右ページの例を参照）。

　登記原因証明情報についても、すべての種類を網羅的に覚えるのは困難です。したがって、ここでも登記申請の種類ごとに書式の解説に頼るのがよいでしょう。本書の第3章でも、登記申請の種類ごとに登記原因証明情報として何を添付すべきか、登記原因証明情報をどのように作成するかを具体的に解説しています。

　ただし、登記（権利に関する登記）申請の種類によっては、そもそも「登記の原因」が存在しないものがあります（土地または区分建物ではない建物の**所有権保存登記申請**等）。そのような登記申請書には、登記原因証明情報を添付する必要はありません。また、表示（表題部）に関する登記の申請書には、登記原因証明情報を添付する必要はありません。

33 所有権移転登記申請（売買）のために作成した登記原因証明情報の例

登記原因証明情報

1　当事者及び不動産
  (1) 当事者　　　権利者（甲・買主）　　　高　崎　秀　和
　　　　　　　　　義務者（乙・売主）　　　前　橋　花　子

  (2) 不動産の表示
　　　所　　　在　　山川市駅前町三丁目
　　　地　　　番　　１０番１
　　　地　　　目　　宅地
　　　地　　　積　　１００・１１平方メートル

2　　登記の原因となる事実又は法律行為
  (1) 甲と乙は、令和２年１０月１日、上記不動産の表示に記載し
　　た不動産の売買契約を締結した。

  (2) 売買契約には、所有権の移転の時期について、甲が売買代金
　　を支払い、乙がこれを受領した時に所有権が移転する旨の特
　　約が付されている。

  (3) 令和２年１１月１日、甲は売買代金を支払い、乙はこれを受
　　領した。

  (4) よって、上記不動産の表示に記載した不動産の所有権は、
　　同日、乙から甲に移転した。

令和２年１１月１日　○○法務局山川支局

　上記の登記原因のとおり相違ありません。

　　権利者（甲・買主）　○○県東西市南北町一丁目２番地３
　　　　　　　　　　　　　　　高　崎　秀　和　㊞

　　義務者（乙・売主）　○○県山川市田園町３００番地
　　　　　　　　　　　　　　　前　橋　花　子　㊞

登記識別情報とはどんなもの？

登記識別情報とは、登記官から通知された12桁の記号番号です。ここでは、具体的にどんなものなのかを見ていきます。

1 登記識別情報とは

例えば、売買を原因とする所有権移転登記申請をした場合、この登記の完了後、新たに不動産の所有者となった買主（登記権利者）には、登記官から登記識別情報という情報（英数字の記号番号）が通知されます。この登記識別情報は、次に上記買主（所有者）が不動産を売却し、所有権移転登記申請をするとき——このとき上記買主は「売主（登記義務者）」となります——、その登記申請書の添付情報となります。

2 登記識別情報の正体と重要性

登記識別情報は英数字で構成される12桁の記号番号です。「GJ8-YKN-34W-QQ5」というようなランダムな英数字の羅列です（これは架空の記号番号です）。

登記識別情報は、登記申請書の添付情報として、「登記義務者本人であることの証明」として求められるものです。裏返しにいえば、登記識別情報を知っている（情報を保持している）者は、登記申請手続において「登記義務者本人に間違いない」として扱われることになります。

この登記識別情報を不注意により他人に知られてしまったら危険です。なぜなら、登記識別情報を不正に入手した他人が本人に「なりすまし」して、登記義務者（不動産の売主等）として登記申請する可能性が生じるからです。

したがって、登記識別情報は厳重に管理しましょう。登記官から登記名義人に登記識別情報を通知する際にも、目隠しシール等で容易に他人に知られないための措置がなされています。使用するときには目隠しシール等をはがします。

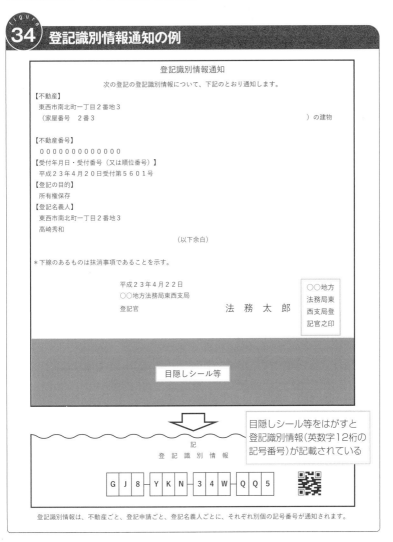

figure 34　登記識別情報通知の例

登記識別情報

次の登記の登記識別情報について、下記のとおり通知します。

【不動産】
　東西市南北町一丁目2番地3
　（家屋番号　2番3　　　　　　　　　　　　　　　　　　　　　）の建物

【不動産番号】
　0000000000000
【受付年月日・受付番号（又は順位番号）】
　平成23年4月20日受付第5601号
【登記の目的】
　所有権保存
【登記名義人】
　東西市南北町一丁目2番地3
　高崎秀和

　　　　　　　　　　　　　　　（以下余白）

＊下線のあるものは抹消事項であることを示す。

　　　　　　　平成23年4月22日
　　　　　　　○○地方法務局東西支局

　　　　　　　登記官　　　　　　　法　務　太　郎

〔○○地方法務局東西支局登記官之印〕

目隠しシール等

記
登　記　識　別　情　報

| G | J | 8 | Y | K | N | 3 | 4 | W | Q | Q | 5 |

目隠しシール等をはがすと登記識別情報（英数字12桁の記号番号）が記載されている

登記識別情報は、不動産ごと、登記申請ごと、登記名義人ごとに、それぞれ別個の記号番号が通知されます。

　登記識別情報の通知については、なかなかイメージしにくいかもしれません。登記記録（全部事項証明書）の記載をもとに、具体例で説明します。

①前橋花子を所有者とする所有権移転登記を起点にします。ここでは、この前橋花子の登記識別情報は気にしないものとします。

②前橋花子（登記義務者）から高崎秀和（登記権利者）への所有権移転登記申請がなされました。この登記の結果、登記名義人（所有者）となった高崎秀和には、登記官から登記識別情報AAA-000-BBB-111が通知されます。

③高崎秀和（登記義務者）から太田広夫（登記権利者）への所有権移転登記申請がなされました。この所有権移転の登記申請書には、添付情報として上記②で高崎秀和に通知された登記識別情報AAA-000-BBB-111の提供が必要となります。そして、この登記の結果、登記名義人（所有者）となった太田広夫には、登記官から新たに登記識別情報CCC-222-DDD-333が通知されます。

④太田広夫（登記義務者）から藤岡貞子（登記権利者）への所有権移転登記申請がなされました。この所有権移転の登記申請書には、添付情報として上記③で太田広夫に通知された登記識別情報CCC-222-DDD-333の提供が必要となります。そして、この登記の結果、登記名義人（所有者）となった藤岡貞子には、登記官から新たに登記識別情報EEE-444-FFF-555が通知されます。

35 登記識別情報の通知のイメージ

権　利　部	（甲区）	（所　有　権　に　関　す　る　事　項）	
順位番号	登記の目的	受付年月日・受付番号	権利者その他の事項
1	所有権移転	平成２５年２月１日 第○○○○号	原因　平成２５年２月１日売買 所有者　（住所省略） 　　●前　橋　花　子
2	所有権移転	平成２６年３月１日 第○○○○号	原因　平成２６年３月１日売買 所有者　（住所省略） 　　●高　崎　秀　和　　Ⓐ
3	所有権移転	平成２７年４月１日 第○○○○号	原因　平成２７年４月１日売買 所有者　（住所省略） 　　太　田　広　夫●　Ⓑ
4	所有権移転	平成２８年５月１日 第○○○○号	原因　平成２８年５月１日売買 所有者　（住所省略） 　　藤　岡　貞　子●　Ⓒ

① ② ④ ③

Ⓐこの登記時に登記識別情報 AAA-000-BBB-111 が通知される。

通知された登記識別情報は次の登記申請Ⓑに使用する。

Ⓑこの登記時に登記識別情報 CCC-222-DDD-333 が通知される。

通知された登記識別情報は次の登記申請Ⓒに使用する。

Ⓒこの登記時に登記識別情報 EEE-444-FFF-555 が通知される。

通知された登記識別情報は次の登記申請に使用する。

登記識別情報は、登記申請の結果、登記名義人（所有者）が変わるごとに登記官から通知され、のちの登記申請の添付情報となります。また登記識別情報は、１つの不動産に固定的に付された記号番号ではなく、所有者（登記名義人）が変わるごとに新たに別の記号番号が通知されます。

CHAPTER

2

不動産登記申請手続のキホン

登記識別情報の提供方法

　登記申請書の添付情報は、一般的には登記申請書とひとまとめに
つづって（ホチキス等で止めて）提出します。しかし、登記識別情
報については特に右のページに記載した方法で提供（提出）しなけ
ればなりません。

 権利証（登記済権利証、登記済証）との違い

　権利証、または**登記済権利証**、**登記済証**という書類の名前を聞い
たことがあるかもしれません。登記識別情報は、実は権利証に代わ
る制度として、平成17年の不動産登記法改正によって導入された
制度です。

　ただ、やっかいなことに、権利証から登記識別情報への切り替え
は一括して行われず、いまだに両制度が混在しています。つまり、
登記識別情報が通知されているか、その通知がなされておらず従来
の権利証（登記済証）を使うか、不動産によって、また対象とする
登記によって異なるということです。

　登記識別情報が通知されていない場合の登記申請では、登記識別
情報の代わりに権利証（登記済証）を添付情報として提出します。
この場合、他の添付情報と一緒に登記申請書とひとまとめにして提
出します（封筒に入れたりする必要はありません）。

　平成20年7月14日以降の登記（登記識別情報を通知すべき登記）
では、まず100％、登記識別情報が通知されています。また、平成
17年3月6日以前の登記であれば、100％、権利証（登記済証）
です。問題はこの「間」なのですが、権利証（登記済証）から登記
識別情報への「切り替えの日」は、管轄法務局によってまちまちです。

　何とも面倒なことですが、確実に切り替えの日を知るためには、
法務局に確認するよりほかありません。また法務局の公式ホームペ

ージではありませんが、全国の法務局（支局・出張所）における切り替えの日（オンライン指定日）を公表しているホームページが複数ありますので、参考にすることができます。

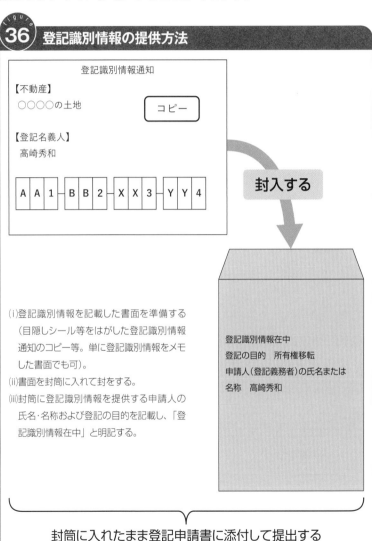

36 登記識別情報の提供方法

登記識別情報通知

【不動産】
○○○○の土地　　　　　コピー

【登記名義人】
高崎秀和

A A 1 - B B 2 - X X 3 - Y Y 4

封入する

(i)登記識別情報を記載した書面を準備する
（目隠しシール等をはがした登記識別情報
通知のコピー等。単に登記識別情報をメモ
した書面でも可）。
(ii)書面を封筒に入れて封をする。
(iii)封筒に登記識別情報を提供する申請人の
氏名・名称および登記の目的を記載し、「登
記識別情報在中」と明記する。

登記識別情報在中
登記の目的　所有権移転
申請人（登記義務者）の氏名または
名称　高崎秀和

封筒に入れたまま登記申請書に添付して提出する

添付情報を返却してほしいとき ……原本還付

登記申請書の添付情報として法務局に提出した書類は、原本還付の手続きにより返却してもらうことができます。この手続きの方法と返却できる・できない書類を見ていきます。

1 原本還付

登記申請書の添付情報として法務局に提出した書類を返却してもらうには、**原本還付**という手続きを取ります。

原本還付の請求は、登記申請時（登記申請書および添付情報を法務局に提出するとき）に行わなければなりません。原本還付の手続きを取らずに提出してしまった添付情報について、あとから「やっぱり原本還付してほしい」ということはできません。

原本還付の請求をするには、返却してほしい添付情報のコピーを取り、コピーのほうに赤い文字で「原本還付」と書き、その下に黒い文字で「これは原本と相違ない　高崎秀和（申請人の名前）」と書いて、名前の横に登記申請書に押印したのと同じ印鑑で押印します。

上記の添付情報原本とコピーは両方とも、登記申請書とともに法務局に提出します。登記の完了後、原本は法務局から返却されます。

2 原本還付できない書類もある

登記申請書のすべての添付情報について、原本還付の請求をすることができるわけではありません。

まず、一般的に印鑑証明書は原本還付を請求できません。ただし例外もあり、相続を原因とする所有権移転登記申請について、**遺産分割協議書**とともに提出した印鑑証明書等は、原本還付の請求をす

ることができます。しかしあくまでも例外なので、原則として「印鑑証明書は原本還付の請求ができない」と考えておくほうが無難です。

また、その登記申請のため「だけ」に作成された委任状、登記原因証明情報等も、原本還付の請求をすることができません（他の手続きでも使用する委任状等は原本還付できます）。

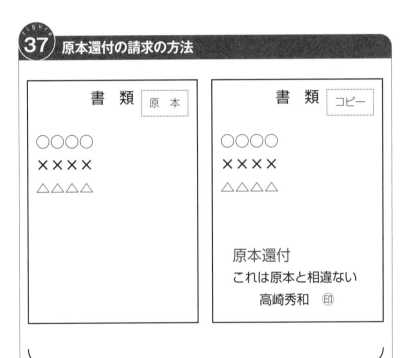

figure
37 原本還付の請求の方法

書 類 原 本

○○○○
××××
△△△△

書 類 コピー

○○○○
××××
△△△△

原本還付
これは原本と相違ない
高崎秀和　印

原本とコピーは両方とも、登記申請書とともに法務局に提出します。登記の完了後、原本は法務局から返却されます。原本とコピーのつづり方は89ページのとおり。

登録免許税と納付方法

> 不動産登記には登録免許税という税金がかかります。その概要と納付方法を説明します。

1 登録免許税とその税額

　不動産登記には**登録免許税**という税金がかかります。収入印紙で納付することが多いので俗に印紙代といったりしますが、領収書や契約書等に貼る収入印紙の印紙税とは別の国税です。

　登録免許税は登記の種類によって課税標準、税率、税額が異なります。主なものを右ページに掲げましたが、登記申請の種類ごとに調べる必要があります。

　また、特に住宅用家屋関係では登録免許税の軽減措置がある場合が多いので、この点もよく調べる必要があります。

2 登録免許税の納付方法

　不動産登記の登録免許税は、書面申請の場合、登記申請書に収入印紙を貼って納付します。貼った収入印紙は消印等をしてはいけません（登記申請書の受付後、法務局が消印をします）。他に、金融機関等で納付手続をして国税の「領収証書」を発行してもらい、それを貼り付けるという方法もありますが、本書では説明を省略します。

　収入印紙を「貼る場所」ですが、一般的には登記申請書「本体」にもう１枚**収入印紙貼付用台紙**（A4版の白紙で可）を「続紙」として付けて、そこに貼り付けます。この収入印紙貼付用台紙の付け方については、次の「10 登記申請書と添付情報の『つづり方』」および第３章の書式をご参照ください。

38 代表的な登記申請の登録免許税額　(令和3年1月1日現在)

不動産の 価格等によるもの	課税価格 ※1	登録免許税額 ※2
所有権移転登記 (売買)	土地の固定資産税評価額	課税価格 ×1.5% ※3
	建物の固定資産税評価額	課税価格 ×2.0% ※4
所有権移転登記 (贈与)	土地・建物の 固定資産税評価額	課税価格 ×2.0%
所有権移転登記 (相続)	土地・建物の 固定資産税評価額	課税価格 ×0.4% ※5
抵当権設定登記	債権額	課税価格 ×0.4% ※6

※1　1,000円未満切り捨て。
※2　100円未満切り捨て。
※3　当面の軽減措置であり、今後変更になる可能性がある。
※4　住宅用家屋等では軽減措置を受けられる場合がある。
※5　一定の低額な土地では免税措置を受けられる場合がある。
※6　住宅用家屋等の関係では軽減措置を受けられる場合がある。

上記のとおり、登録免許税には特に住宅用家屋関係で軽減措置が多くあります。十分にお気を付けください。

不動産の 個数によるもの	登録免許税額	上　限
抵当権抹消登記	不動産の個数 ×1,000円	20,000円
所有権登記名義人 住所変更登記	不動産の個数 ×1,000円	なし

登記申請書と添付情報の「つづり方」

不動産登記の申請を行うには、多くの種類の書類を提出します。
これらはどのようにつづって提出したらよいのでしょうか？

1 提出書類のつづり方

　売買を原因とする所有権移転登記申請を例に解説します。その他
の登記申請については、このページのほか第3章の書式を参照して
ください。

　この登記申請では、一般的に次の書類を提出することになります。

---

①登記申請書（収入印紙貼付用台紙を含む）

②登記原因証明情報

③委任状（代理人が登記申請をする場合）

④売主の印鑑証明書

⑤買主の住民票

⑥評価証明書

⑦登記識別情報

　添付情報のうち、⑤買主の住民票は原本還付の請求をするものと
して解説します。

　このつづり方は右ページのとおりです。

figure 39 登記申請書と添付情報のつづり方

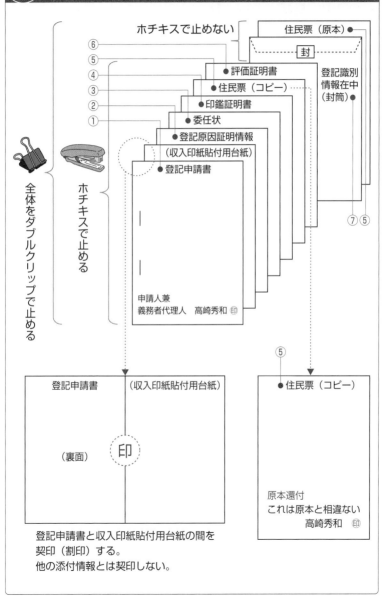

ホチキスで止めない

住民票（原本）●

封

⑥ ─── ● 評価証明書

⑤ ─── ● 住民票（コピー）

④ ─── ● 印鑑証明書

③ ─── ● 委任状

② ─── ● 登記原因証明情報

① ─── （収入印紙貼付用台紙）

● 登記申請書

登記識別
情報在中
（封筒）●

⑦ ⑤

申請人兼
義務者代理人　高崎秀和 ㊞

全体をダブルクリップで止める

ホチキスで止める

⑤

登記申請書	（収入印紙貼付用台紙）
（裏面）	印

登記申請書と収入印紙貼付用台紙の間を
契印（割印）する。
他の添付情報とは契印しない。

● 住民票（コピー）

原本還付
これは原本と相違ない
高崎秀和　㊞

登記申請書と添付情報の提出

できあがった登記申請書と添付情報は持参または郵送で提出することになります。その方法について説明します。

1 持参の場合

できあがった登記申請書と添付情報は、管轄法務局の受付窓口に持参して提出します。持参先は、必ず登記申請する不動産の管轄法務局（支局・出張所も含め）としてください。例えば、前橋地方法務局「本局」に申請すべき登記申請書を前橋地方法務局「高崎支局」に提出したら却下になります。書類を「転送する」という対応はしてくれません。

なお、対象不動産がどの法務局の管轄となるかは、各法務局のホームページ等で調べることができます。

受付窓口では、書類の確認はまずしません（収入印紙が貼ってあるかどうかくらいはチェックするかもしれません）。ほとんどの場合は、単に書類を受け取って「何か（不備が）あったら連絡します」という程度です。そして実際に不備があったときには、法務局から電話連絡があり、補正（本書92ページ参照）等で対応します。

2 郵送の場合

完成した登記申請書および添付情報は、郵送で提出することもできます。この場合も管轄法務局（支局・出張所も含め）に送らなければ却下となりますので、ご注意ください。

郵送の場合、必ず書留郵便かそれと同等の送付方法で送らなければなりません。レターパックプラス（赤）は大丈夫ですが、レター

パックライト（青）は不可です。また、郵送封筒またはレターパックの表面に「不動産登記申請書在中」と記載します。管轄法務局の住所は、各法務局のホームページ等でご確認ください。

figure
40 登記申請書の提出方法

窓口に持参

郵送（書留郵便、レターパックプラス〈赤〉）

補正と取下げ

提出した登記申請書や添付情報に間違いがあったときは、補正または取下げによって対応します。それぞれの方法を説明します。

1 補正とは

登記申請書や添付情報に間違いがあったときでも、その間違いが訂正・修正可能なものであるときには、訂正・修正することができます。この訂正・修正の手続きを**補正**といいます。

提出した登記申請書や添付情報に補正すべき間違いがあった場合、法務局から電話で「補正が必要である」旨とその内容の連絡がありますので、その指示にしたがって補正を行います。

補正の際は、原則として登記申請した法務局に直接出向いて、その訂正・修正作業を行う必要があります。このとき、本人確認書類および登記申請書に押印した印鑑が必要になることが多いので、忘れずに持参してください。ただし、単に添付情報が不足していた（添付し忘れていた）ような場合には、不足書類を郵送するだけの対応で可能なこともあります。

いずれにせよ、補正への対応は面倒なことが多いです。はじめから間違いのない登記申請書および添付情報を提出するに越したことはありません。

2 取下げとは

　登記申請書や添付情報に間違いがあり、もはや補正が不可能なときは、登記申請の取下げを行います。また、いったん行おうとした登記申請を中止するときにも取下げをします。

　登記申請の取下げは、取下書を提出して行います。このとき、登録免許税として納付した（貼り付けた）収入印紙は、法務局の消印で使用できなくなっていますので、**再使用証明**をもらって再び使用できるようにしておくのが一般的です。

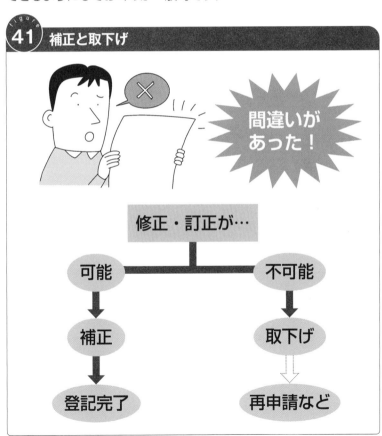

figure 41　補正と取下げ

登記の完了後に必要なこと
……登記完了証と登記識別情報通知の交付

登記が完了したのちには、登記完了証や登記識別情報通知の交付等があります。これらへの対応について説明します。

1 完了予定日

登記の完了予定日は各法務局の窓口で表示されているので、登記申請時に確認しておきます。また各法務局では、ホームページでも登記完了予定日を公表しています。ただし、あくまでも「予定日」なので多少の遅れが生じることもあります。補正があった場合等には、大きく遅れることもあります。

2 登記完了証の交付

登記が完了すると、登記の申請人（共同申請の場合は登記権利者と登記義務者の双方）に**登記完了証**が交付されます。登記完了証は、文字どおり登記が完了したことを伝える書面であり、登記識別情報と異なり登記完了証そのものをのちの手続きで使用することはありません。

3 登記識別情報通知の交付

その登記によって新たに登記名義人となった登記の申請人（例えば、売買を原因とする所有権移転登記申請における登記権利者〔買主〕）には、登記識別情報が通知されます。この通知は、**登記識別情報通知**という書面を交付することで行います。なお、登記識別情報が通知されない種類の登記（例えば抵当権抹消登記等、新たに登記名義人となる登記の申請人がいない登記）もあり、そのような登

記では登記識別情報通知の交付はありません。

4 原本還付の請求をした原本の返還

　以上の②登記完了証および③登記識別情報通知の交付と同時に、原本還付の請求をした原本も返還されます。

figure 42 登記申請時と完了時の対応

❶登記申請時に法務局の窓口に表示されている完了予定日を確認する

本日申請した登記の
完了予定日は

〇月〇日です

❷登記の完了後に、登記完了証と登記識別情報通知を、登記申請した
　法務局まで取りに行く

5 登記完了証と登記識別情報通知の受領方法

　書面で登記申請をした場合、登記完了証および登記識別情報通知は法務局の窓口で交付（手渡し）を受けるのが原則です。この場合、登記の完了後に登記申請した法務局の窓口に出向き、運転免許証等、登記申請人の本人確認書類を提示して受領します。受領の際に押印を求められますが、この印鑑は登記申請書への押印に用いたものでなければなりません。

　登記申請書に「送付の方法による交付を希望する」旨を記載すれば、登記完了証および登記識別情報通知ともに、郵送等の方法で交付を受けることができます。

　登記識別情報通知の送付先は、個人の場合、送付を受ける者（申請人または受領権限のある代理人）の住所に限ります。この場合、送付方法は「本人限定受取郵便」によることが必要で、登記申請書の提出と同時に郵便料金分の切手を法務局に提出します。登記識別情報通知の送付を受ける場合、登記完了証はそれに同封して交付されます。

　登記識別情報が通知されない登記で登記完了証のみの送付の場合、送付方法は通常の書留となりますので、その郵便料金分の切手を法務局に提出します。

　郵便料金の金額は重量等によって変わりますので、法務局または郵便局にお問い合わせください。

43 登記完了証と登記識別情報通知の送付による受領

登記申請書

(適宜の箇所)
　登記識別情報通知及び登記完了証は送付の方法により交付を希望します。
　送付先　「申請人の住所」

登記の種類	送付の方法
登記識別情報通知の交付がある登記（所有権移転登記、抵当権設定登記等）	本人限定受取郵便（登記識別情報通知＋登記完了証の送付）
登記識別情報通知の交付がない登記（所有権登記名義人住所変更登記、抵当権抹消登記等）	書留郵便（登記完了証のみ送付）

登記申請時に法務局に郵便料金を切手等で納付する必要があります。
郵便料金は法務局・郵便局等にお問い合わせください。

登記識別情報通知の
有無によって送付の方法が
異なるので注意！

相続の登記はいつまでに
しなければならない？

　「相続の（所有権移転）登記はいつまでにしなければなりませんか？」という質問をよく受けます。表題部の登記については申請すべき期限が定められているものがありますが、権利の登記には、実は申請期限がありません。

　とはいえ、売買等の場合には、買った不動産の登記をしない（他人の名義のままにしておく）ことはまず考えられません。しかし相続の場合、「死んだ親の名義のままにしとけばいいよ。他人に不動産を売るつもりもないし、登記しようと思えばいつでもできるし」と、放置してしまうケースがしばしば見られるのです。

　では、本当に「すぐ登記しなくてもよい」のでしょうか。言い換えると、本当に「登記はいつでもできる」のでしょうか。

　現実的な答えは「NO！」です。

　例えば、登記を長年放置している間に、相続人のうちの誰かが認知症等で「事理を弁識する能力」を失ってしまった場合、家庭裁判所で成年後見人の選任を受けなければ遺産分割協議ができません。また、相続人が死亡し、さらに相続人の相続人が死亡する等して、遺産分割協議に参加すべき相続人が何十人にも増えてしまうことがあります。こうなると、遺産分割協議はとても困難になります。すぐに登記をしていれば何でもなかった相続なのに、放置したことで「ハードルが高く」なってしまった例があとを絶ちません。

　筆者は、「登記はできるうちにしておきましょう。いつでもできるとは思わないでください」とアドバイスしています。

　現在、「相続登記未了土地」は社会問題にもなっています。相続による所有権移転登記申請を義務化する動きもあります。

chapter

3

ケース別
不動産登記申請書の
書式と解説

　不動産登記申請書の書式や添付情報は、どのような登記
申請を行うかによって変わります。本章では、自分で登記申
請をしたいという希望の多い4つのケースを取り上げ、そ
れぞれの登記申請書の書式と添付情報について詳しく解説
します。

書式の重要性

本章では、自分で登記申請を行いたいという希望の多いケースを4つ挙げ、それぞれの登記申請書の書式と添付情報を見ていきます。

1 まずは書式を確認する

第1章でも述べましたが、不動産登記の申請書等を作成するには書式が重要です。書式は手続きのエッセンスを凝縮したものであり、難しいことはわからなくても書式に必要事項を当てはめて記入するだけで、とりあえず登記申請書は完成します。司法書士、土地家屋調査士等の専門家も、難しい登記を申請するとき等には、まずは書式を確認しています。

本書では、専門家ではない方でもできる登記申請、「自分でやりたい」という希望の多い登記申請について、その登記申請書の書式と添付情報を詳しく解説します。

この章で取り上げる書式は、ケース別に以下の4つです。

- 登記記録上の所有者の住所が変わったとき
  ……所有権登記名義人住所変更登記
- 配偶者に建物を贈与したとき
  ……所有権移転登記（贈与）
- 親が死亡して不動産を相続したとき
  ……所有権移転登記（相続）
- 住宅ローンを完済したとき
  ……抵当権抹消登記

44 この章の注意事項

・登記申請書等を法務局の窓口に持参して提出するもの
　とします。

・登記申請書等を作成する用紙は、A4 版を使用します。

・共同申請の場合（本章 3 節および 5 節）、登記権利者
　が登記義務者から委任を受けて、「申請人兼登記義務者
　代理人」として登記申請するものとします。

・登記義務者は登記識別情報の通知を受けており、それ
　を提供できるものとします。また申請人は、登記完了後
　の登記識別情報の通知を希望するものとします。

不動産登記には、この章で解説する登録免許税以外にも、所得税、
贈与税または相続税等の税金の問題を伴うことが多くあります。
詳しくは税理士等の専門家にご相談ください。

登記記録上の所有者の住所が変わったとき ……所有権登記名義人住所変更登記

登記記録上の所有者の住所が変わった場合には、所有権登記名義人住所変更登記を申請する必要があります。ここでは、このケースの書式等について説明します。

1 ケースの内容

右ページの登記事項証明書の「甲区2番」で登記されている所有者「高崎秀和」は、元の住所（登記をしたときの住所）は「○○県東西市中町三丁目4番地5」でしたが、その後の平成23年4月10日に「○○県東西市南北町一丁目2番地3」に転居しました。

この場合、**所有権登記名義人住所変更登記**の申請をして、登記記録上の住所を現在の住所に一致させる必要があります。

この登記申請は、申請人「高崎秀和」による単独申請です。

2 登記申請書の書式と解説

このケースの登記申請書と添付情報を解説していきます。なお、各書式に付した丸数字（①②③……）と解説の丸数字は対応しています。書式と解説を参照しながらお読みください。

①登記申請書の上部に6cm程度の余白を設けます。この余白は法務局が使用します。

②登記の対象となる順位番号を特定して登記の目的を記載します。なお対象は「甲区2番」ですが、「甲区」は書く必要がありません。

③住民票（登記原因証明情報）に「転居」の日として記載されている日付の住所移転とします。

④変更後の事項として、所有者の現在の住所を住民票の記載どおり省略せずに記載します。

⑤申請人として、所有者の現在の住所および氏名を記載し、押印します。この押印はいわゆる**認め印**で足ります。連絡先の電話番号は必ず記載してください。携帯電話でも大丈夫です。

⑥登記原因証明情報として、所有者の住民票を添付します。

⑦申請年月日と管轄法務局（支局・出張所まで）を記載します。管轄法務局は間違いのないよう、よくご確認ください（管轄を間違えて申請すると直ちに却下となります）。

⑧登録免許税の金額を記載します。所有権登記名義人住所変更登記申請の場合、申請の対象となる土地・建物各１個につき1,000円です。敷地権付きの区分建物の場合、区分建物と敷地権（敷地権が複数ある場合には各々１個）をそれぞれ１個として数えます。

figure
45 **登記申請前の登記記録（登記事項証明書）**

○○県東西市南北町一丁目2-3　　　　　　　　　　　　　全部事項証明書　　　（土地）

| 表 題 部 （土地の表示） | | 調製 | 余 白 | | 不動産番号 | 0000000000000 |

| 地図番号 | 余 白 | | 筆界特定 | 余 白 | | |

| 所 在 | 東西市南北町一丁目 | | | | | |

① 地 番	② 地 目	③ 地 積 ㎡		原因及びその日付〔登記の日付〕		
2番3	宅地	420 : 62		2番1から分筆〔平成21年12月1日〕		

権 利 部 （甲区） （所 有 権 に 関 す る 事 項）			
順位番号	登 記 の 目 的	受付年月日・受付番号	権 利 者 そ の 他 の 事 項
1	所有権移転	平成11年3月26日 第3678号	原因 平成10年12月8日相続 所有者 ○○県東西市南北町二丁目3番地4 　　　前 橋 花 子 順位番号3番の登記を転写 平成21年12月1日受付 第15326号
2	所有権移転	平成21年12月25日 第16335号	原因 平成21年12月25日売買 所有者 ○○県東西市中町三丁目4番地5 　　　高 崎 秀 和

figure
46　登記申請書

登記申請書

登記の目的	２番所有権登記名義人住所変更②
原　　因	平成２３年４月１０日 住所移転③
変更後の事項	住所　○○県東西市南北町一丁目２番地３④
申　請　人⑤	○○県東西市南北町一丁目２番地３ 　　　高　崎　秀　和　　　　㊞ 連絡先の電話番号000－0000－0000

> 余白６cm程度　①

> 住民票の
「転居」の日

添付情報
　　登記原因証明情報⑥

令和○年○月○日申請　　○○地方法務局東西支局⑦

登録免許税　　　　金１，０００円⑧

不動産の表示⑨
　所　　在　　　　東西市南北町一丁目
　地　　番　　　　２番３
　地　　目　　　　宅地
　地　　積　　　　４２０・６２平方メートル

　　⑩

収入印紙貼付用台紙

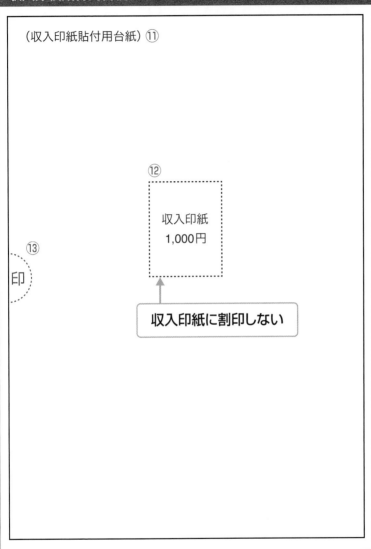

（収入印紙貼付用台紙）⑪

⑫

収入印紙
1,000円

⑬

印

収入印紙に割印しない

CHAPTER
3
ケース別 不動産登記申請書の書式と解説

105

⑨不動産の表示は、全部事項証明書等に記載されているとおり正確に記載します。不動産番号を記載した場合には、土地の所在・地番・地目・地積、建物の所在・家屋番号・種類・構造・床面積の記載を省略できます。ただし、区分建物の敷地権の種類・敷地権の割合は省略できません。

⑩登記完了証について「送付の方法による交付を希望する」場合には、その旨を登記申請書の末尾等に記載します（本書96ページ参照）。

⑪登録免許税を納付するための収入印紙は、登記申請書本体に直接貼らず、収入印紙貼付用台紙（A4版の白紙で可）を付けて、そこに貼ります。

⑫収入印紙の組み合わせは書式のとおりではなくても、合計額で1,000円分貼ってあれば大丈夫です。また、収入印紙に割印をしてはいけません。

⑬登記申請書（収入印紙貼付用台紙を含む）が複数枚にわたるときは、各用紙のつづり目に**契印**（**割印**）をします。

3 登記原因証明情報

①登記原因証明情報として所有者の住民票を添付します。この住民票に有効期限はありません。

②「前住所」の表示が登記記録上の所有者の住所の表示と一致している必要があります。一致していない場合、さらに戸籍附票を取得する等して、登記記録上の住所から現在の住所までの「つながり」を証明する書面を添付する必要があります。

③住民票にはいろいろな日付が記載されていますが、登記の原因の日付となるのは「住所の移転（変更）をした日」です。住民票の記載を注意深く読んで、その日付を見極める必要があります。な

お、この住民票の様式は一例であり、発行する市区町村によって
様式はまちまちです。記載事項がよくわからないときには、市区
町村役場や司法書士または法務局にご相談ください。

④個人番号（マイナンバー）の記載のある住民票は使用できません。
　記載のないものを取得し、添付してください。

figure 47 登記原因証明情報（住民票）

住 民 票 ①

○○県東西市

住　所	○○県東西市南北町一丁目2番地3							
世帯主	省略							

氏　名	高崎　秀和						旧　氏	
生年月日	昭和42年6月2日	性　別	男	続　柄	省略	住民となった日	平成3年4月2日	
本　籍	省略					筆頭者	省略	
前住所	○○県東西市中町三丁目4番地5 ②					住定日	平成23年4月10日　転居 ● 平成23年4月16日　届出	
						個人番号	省略 ●	
						住民票コード	省略	

④ ③

以 下 余 白

この写しは、住民票の原本と相違ないことを証明する。

令和○年○月○日

○○県東西市長　　公 務 正 男

○○県
東西市
長之印

「住所の移転をした日」を
よく見極める！

CHAPTER
3
ケース別 不動産登記申請書の書式と解説

107

figure
48

登記申請書と添付情報のつづり方

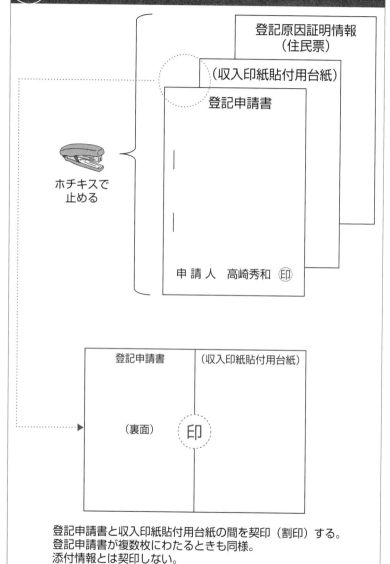

登記原因証明情報
（住民票）

（収入印紙貼付用台紙）

登記申請書

ホチキスで
止める

申 請 人　高崎秀和　㊞

登記申請書	（収入印紙貼付用台紙）
（裏面）	印

登記申請書と収入印紙貼付用台紙の間を契印（割印）する。
登記申請書が複数枚にわたるときも同様。
添付情報とは契印しない。

4 登記完了後の書類の受領等

①法務局から登記完了証が交付されますので、登記申請した法務局の窓口で受領します。受領の際は、運転免許証等の本人確認書類と、登記申請書に押印した印鑑とを持参してください。原本還付の請求をした場合には、書類の原本もあわせて返却を受けます。

　登記完了証は、登記申請書にその旨を記載すれば、郵送による送付を受けることもできます（本書96ページ参照）。

②登記完了のときから3か月を経過すると、登記完了証の交付を受けられなくなります。

figure 49 登記完了後の登記記録

（権利部・甲区）

| 2 | 所有権移転 | 平成21年12月25日
第16335号 | 原因　平成21年12月25日売買
所有者　○○県東西市中町三丁目4番地5
　　　　高　崎　秀　和 |
| 付記1号 | 2番登記名義人住所変更 | 令和○年○月○日
第○○○○号 | 原因　平成23年4月10日住所移転
住所　○○県東西市南北町一丁目2番地3 |

（ケースの登記に関係する部分のみ抜粋）

登記完了後の書類の
受領を忘れないように！

3
配偶者に建物を贈与したとき ……所有権移転登記（贈与）

> 配偶者に建物を贈与した場合には、所有権移転登記の申請が必要になります。ここでは、このケースの書式等について説明します。

1 ケースの内容

下記の登記事項証明書の建物は、「高崎秀和」が自宅として所有しているものです。「高崎秀和」は結婚25周年を迎えた令和2年11月1日、妻である「高崎花子」に、この自宅建物を贈与しました*。

この場合、贈与を登記原因とする所有権移転登記の申請が必要となります。

この登記申請は、登記権利者「高崎花子」と登記義務者「高崎秀和」の共同申請です。

figure 50 登記申請前の登記記録（登記事項証明書）

○○県東西市南北町一丁目2－3　　　　　　　　　　　　　　　全部事項証明書　　　　（建物）

表　題　部	（主である建物の表示）		調製	余　白		不動産番号	0000000000000
所在図番号	余　白						
所　　在	東西市南北町一丁目2番地3				余　白		
家屋番号	2番3				余　白		
① 種　類	② 構　造		③ 床　面　積　　㎡			原因及びその日付〔登記の日付〕	
居宅	木造かわらぶき2階建		1階	98	50	平成23年4月10日新築	
			2階	44	36	〔平成23年4月15日〕	
所 有 者	東西市南北町一丁目2番地3　高　崎　秀　和						

権　利　部	（甲　区）	（所　有　権　に　関　す　る　事　項）	
順位番号	登　記　の　目　的	受付年月日・受付番号	権　利　者　そ　の　他　の　事　項
1	所有権保存	平成23年4月20日 第5601号	所有者　○○県東西市南北町一丁目2番地3 高　崎　秀　和

*〜贈与しました　「自宅建物」および「結婚25周年」という設例にしたのは、居住用不動産の贈与にかかる配偶者控除の特例の適用を受けたいというケースが多いためです。贈与税の課税問題は別として、居住用・非居住用の別、婚姻期間によって、登記申請手続上の違いが生じるわけではありません。

2　登記申請書の書式と解説

　このケースの登記申請書と添付情報を解説していきます。なお、各書式に付した丸数字（①②③……）と解説の丸数字は対応しています。書式と解説を参照しながらお読みください。

①登記申請書の上部に6cm程度の余白を設けます。この余白は法務局が使用します。

②登記原因の日付は、贈与による「所有権移転の日」です。

③登記権利者として、不動産の受贈者（贈与を受けた人）の住所・氏名を記載します。この住所・氏名は、登記権利者の住所証明情報である住民票の記載と一致している必要があります。

④登記義務者として、不動産の贈与者の住所・氏名を記載します。この住所・氏名は、登記記録上の所有者の記載、および印鑑証明書の記載と一致している必要があります。登記記録上の記載から現住所・現氏名が変更になっている場合には、この所有権移転登記申請に先立って、「所有権登記名義人住所変更登記」等（本書102ページ参照）を申請する必要があります。

⑤登記義務者（贈与者）の登記識別情報を提供します。

⑥登記原因証明情報を添付します。登記原因証明情報の記載内容等については、添付情報（登記原因証明情報）の項で解説します。

⑦代理権限証明情報として、登記申請の権限に関する委任状を添付します。委任状の記載内容等については、添付情報（代理権限証明情報）の項で解説します。

⑧登記義務者の印鑑証明書を添付します。

⑨住所証明情報として、登記権利者の住民票を添付します。

⑩登録免許税額の算出のため、評価証明書を添付します。

登記申請書

登記の目的　　所有権移転

原　　　因　　令和2年11月1日 贈与 ②

贈与による
「所有権移転」の日

権　利　者③　　○○県東西市南北町一丁目2番地3
　　　　　　　　高　崎　花　子

義　務　者④　　○○県東西市南北町一丁目2番地3
　　　　　　　　高　崎　秀　和

添付情報
　　　登記識別情報⑤　　登記原因証明情報（原本還付）⑥
　　　代理権限証明情報⑦　　　印鑑証明書⑧
　　　住所証明情報⑨　　　　評価証明書⑩

令和○年○月○日申請　　○○地方法務局山川支局 ⑪

申請人　兼　　　○○県東西市南北町一丁目2番地3
義務者代理人 ⑫　　　　高　崎　花　子　　　　　印
　　　　　　　　連絡先の電話番号000－0000－0000

（上部）
↑
余白6cm程度 ①
↓

課税価格　　　　金4，506，000円

　　　　　　　　　　　　　　　　　⑬

登録免許税　　　　金90，100円

不動産の表示⑭
　　所　　在　　　東西市南北町一丁目　2番地3
　　家屋番号　　　2番3
　　種　　類　　　居宅
　　構　　造　　　木造かわらぶき2階建
⑱　床面積　　　　1階　98・50平方メートル
印　　　　　　　　2階　44・36平方メートル

⑮

収入印紙貼付用台紙

（収入印紙貼付用台紙）⑯

⑰

収入印紙
50,000円

⑱
印

収入印紙
40,000円

収入印紙
100円

収入印紙に割印しない

⑪申請年月日と管轄法務局（支局・出張所まで）を記載します。管轄法務局は間違いのないよう、よくご確認ください（管轄を間違えて申請すると直ちに却下となります）。

⑫登記権利者である受贈者が、同時に登記義務者（贈与者）の代理人となる場合の記載方法です。この押印はいわゆる認め印で足ります。連絡先の電話番号は必ず記載してください。携帯電話でも大丈夫です。

⑬贈与を登記原因とする所有権移転登記では、課税価格は不動産の価格（固定資産税評価額）であり、登録免許税額は課税価格に1,000分の20を乗じた金額です。このケースでは、課税価格は評価証明書の建物の価格（1,000円未満は切り捨て）、登録免許税額は課税価格に1,000分の20を乗じた金額（100円未満切り捨て）を記載します。

⑭不動産の表示は、全部事項証明書等に記載されているとおり正確に記載します。不動産番号を記載した場合には、土地の所在・地番・地目・地積、建物の所在・家屋番号・種類・構造・床面積の記載を省略できます。ただし、区分建物の敷地権の種類・敷地権の割合は省略できません。

⑮登記識別情報および登記完了証について「送付の方法による交付を希望する」場合には、その旨を登記申請書の末尾等に記載します（本書96ページ参照）。

⑯登録免許税を納付するための収入印紙は、登記申請書本体に直接貼らず、収入印紙貼付用台紙（A4版の白紙で可）を付けて、そこに貼ります。

⑰収入印紙の組み合わせは書式のとおりではなくても、合計額で90,100円分貼ってあれば大丈夫です。また、収入印紙に割印をしてはいけません。

⑱登記申請書（収入印紙貼付用台紙を含む）が複数枚にわたるときは、各用紙のつづり目に契印（割印）をします。

❸ 登記識別情報

①登記識別情報の提供は、法務局から発行された「登記識別情報通知」の原本、そのコピー、記号番号のメモのうち、いずれかの書面を提出する方法で行いますが、一般的には「登記識別情報通知」のコピーを用います。提供した登記識別情報（を記載した書面）は返却されません。

「登記識別情報通知」は、通常、所有者（贈与者）が保管しています。
　所有者（贈与者）がこの不動産を取得した時期によっては、登記識別情報が通知されていないことがあります。その場合の所有権移転登記申請では、登記識別情報の提供に代えて、法務局が作成した権利証（登記済証）を添付することになります。

②目隠しシールをはがし、記号番号がわかるようにコピーして提出します。なお、右ページの記号番号はあくまでもサンプルであり、登記識別情報の記号番号は不動産ごと、登記申請ごと、申請人ごとにすべて異なります。記号番号に規則性はないので、「登記識別情報通知」を確認する以外に登記識別情報を知る方法はありません。
③登記識別情報の提供のための書面は封筒に入れ、封をして提出します。封筒には、登記の目的および申請人（登記義務者）の氏名、「登記識別情報在中」の旨を記載する必要があります。

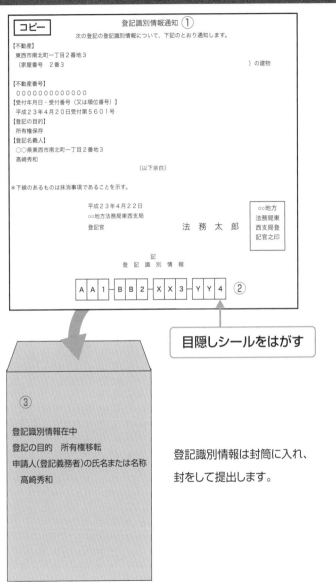

52 登記識別情報通知のコピーと封筒

```
コピー                    登記識別情報通知 ①
            次の登記の登記識別情報について、下記のとおり通知します。
【不動産】
東西市南北町一丁目2番地3
 (家屋番号 2番3                              ) の建物

【不動産番号】
0000000000000
【受付年月日・受付番号 (又は順位番号)】
平成23年4月20日受付第5601号
【登記の目的】
所有権保存
【登記名義人】
○○県東西市南北町一丁目2番地3
高崎秀和
                        (以下余白)

*下線のあるものは抹消事項であることを示す。

               平成23年4月22日                      ○○地方
               ○○地方法務局東西支局                    法務局東
               登記官            法 務 太 郎        西支局登
                                               記官之印

                        記
                  登 記 識 別 情 報

      A  A  1 - B  B  2 - X  X  3 - Y  Y  4    ②
```

目隠しシールをはがす

```
③

登記識別情報在中
登記の目的 所有権移転
申請人(登記義務者)の氏名または名称
  高崎秀和
```

登記識別情報は封筒に入れ、
封をして提出します。

①登記原因証明情報として、ⓐ贈与契約書等を直接添付する場合と、ⓑ登記申請用の「登記原因証明情報」（本書77ページの書式参照）を作成して添付する場合とがあります。売買契約等ではⓑの方式を取ることが多いのですが、贈与契約は内容が単純であり所有権移転時期も明確なので、ⓐの方式を取る場合も多く見られます。

　この設例ではⓐの方式で、**建物贈与契約書**を直接添付する形を取っています。ただし、この方法だと贈与契約書の原本を提出してしまうことになるので、原本還付の手続きを取るのが普通です。

　添付情報の原本還付を請求するには、原本のコピーを作成し、コピーのほうの余白に赤字で「原本還付」、黒字で「これは原本と相違ない」と記載し、さらに申請人が記名押印して（登記申請書に押印したのと同じ印鑑を使用）、原本とともに提出します（本書85ページ参照）。

②不動産の贈与契約書は印紙税の課税文書ですので、定められた税額に相当する収入印紙を貼付する必要があります。この収入印紙は登録免許税とは別のものです。

③内容は一般的な贈与契約のものです。契約の実情に応じて記載してください。

④建物の表示は、登記申請書と同じく、全部事項証明書等に記載されているとおり正確に記載します。

⑤この押印はいわゆる認め印で足ります。

figure
53 登記原因証明情報（建物贈与契約書）

収入印紙200円

② 印 　　建物贈与契約書①

この収入印紙は割印する

③贈与者　高崎秀和を甲とし、受贈者　高崎花子を乙として、甲及び乙は次のとおり建物の贈与契約を締結する。

第1条　甲は、乙に対し、その所有する下記の建物（以下「本物件」という。）を贈与し、乙はこの贈与を受けた。

　　2　前項の贈与により、本物件の所有権は、本日、甲から乙に移転した。

第2条　甲及び乙は、乙を登記権利者、甲を登記義務者として、本日付贈与を登記原因とする本物件の所有権移転登記申請を共同して行う。

記

建物の表示④
所　　在　　東西市南北町一丁目　２番地3
家屋番号　　２番3
種　　類　　居宅
構　　造　　木造かわらぶき２階建
床　面　積　　１階　９８・５０平方メートル
　　　　　　　２階　４４・３６平方メートル

以上

　上記とおり契約したので、本契約書を作成し、甲及び乙が署名捺印する。

令和２年11月1日 ← **所有権移転の日**

　　　　　　○○県東西市南北町一丁目２番地3
贈与者（甲）
　　　　　　　　高崎秀和　　　　印　⑤

　　　　　　○○県東西市南北町一丁目２番地3
受贈者（乙）
　　　　　　　　高崎花子　　　　印　⑤

119

代理権限証明情報

①代理権限証明情報として委任状を添付します。贈与による所有権
　移転登記申請について、登記義務者（贈与者）が登記権利者（受
　贈者）を代理人と定め、その権限を委任するための書面です。
②この押印は、実印（印鑑証明書の印）であることが必須です。

 代理権限証明情報（委任状）

委　任　状①

　　私は、○○県東西市南北町一丁目２番地３　高崎花子を代理人と
定め、次の権限を委任します。

1　　下記の登記の申請をする一切の権限
2　　登記完了後に通知される登記識別情報及び登記完了証を受領
　すること
3　　登記の申請に不備がある場合に、当該登記の申請を取下げ、
　又は補正すること
4　　登記に係る登録免許税の還付金を受領すること
5　　その他下記の登記の申請に関し必要な一切の権限

記

　登記の目的　　　所有権移転
　原　　　因　　　令和２年１１月１日贈与
　権　利　者　　　東西市南北町一丁目２番地３　　　高崎花子
　義　務　者　　　東西市南北町一丁目２番地３　　　高崎秀和
　不動産の表示
　　所　　在　　　東西市南北町一丁目　２番地３
　　家屋番号　　　２番３
　　種　　類　　　居宅
　　構　　造　　　木造かわらぶき２階建
　　床面積　　　　１階　９８・５０平方メートル
　　　　　　　　　２階　４４・３６平方メートル

以上

令和○年○月○日

○○県東西市南北町一丁目２番地３

登記義務者（委任者）

　　　　　　　　　高　崎　秀　和　　実印 ②

---

6 印鑑証明書

①登記義務者（贈与者）の印鑑証明書（正確には印鑑登録証明書）
を添付します。印鑑証明書は、登記申請の時点で発行から3か月
以内のものであることが必要です。

印鑑登録証明書 ①

印　影	氏　名	高崎 秀和
（印影：高崎秀和）	旧　氏	
	生年月日	昭和42年6月2日
	住　所	○○県東西市南北町一丁目2番地3
	備　考	

この写しは、登録されている印影と相違ないことを証明します。

令和○年○月○日　①

○○県東西市長　　公　務　正　男

○○県
東西市
長之印

7 住所証明情報

①住所証明情報として、登記権利者（受贈者）の住民票を添付します。
　この住民票には有効期限はありません。

②個人番号（マイナンバー）の記載のある住民票は使用できません。
　記載のないものを取得し、添付してください。

figure 56 住所証明情報（住民票）

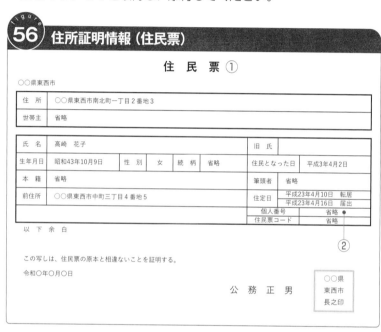

住　民　票　①

○○県東西市

住　所	○○県東西市南北町一丁目2番地3
世帯主	省略

氏　名	高崎 花子					旧　氏	
生年月日	昭和43年10月9日	性　別	女	続　柄	省略	住民となった日	平成3年4月2日
本　籍	省略					筆頭者	省略
前住所	○○県東西市中町三丁目4番地5					住定日	平成23年4月10日　転居 平成23年4月16日　届出
						個人番号	省略 ●
						住民票コード	省略

以　下　余　白

②

この写しは、住民票の原本と相違ないことを証明する。

令和○年○月○日

公　務　正　男

○○県
東西市
長之印

122

8 評価証明書

①登録免許税の課税価格（不動産の固定資産税評価額）を証するた
め、評価証明書を添付します。

　ⓐ一般的には、不動産所在地の市区町村役場（固定資産税の係）
で発行される**評価通知書**または**評価証明書（登記用）**という書
類を取得して添付します。この書類は無料で発行されます。

　ⓑ市区町村役場によっては、上記ⓐの評価通知書または評価証明
書（登記用）の発行を受けられないことがあります。この場合、
同じく不動産所在地の市区町村役場（固定資産税の係）で発行
される有料の評価証明書という書類を取得して添付します。

　法務局および市区町村役場における評価通知書または評価証明書
等の取扱いについては、実際のところさらに煩雑な話もありますが、
本書では上記ⓐおよびⓑの方法の解説にとどめておきます。少なく
とも上記ⓑの方法を選択すれば、全国どこの法務局および市区町村
役場でも対応可能です。

②市区町村役場で取得可能な「最新年度」の固定資産税評価額の記
載があるものを取得し、使用します。

　なお、評価証明書の固定資産税評価額は毎年４月１日に改定され
ます。評価額改定後、改訂前に取得した評価証明書は、登記申請に
は使用できなくなりますのでご注意ください。つまり、令和２年３
月31日に取得した評価証明書は、令和２年４月１日以降、使用す
ることができません。一方、令和２年４月１日に取得した評価証明
書は、令和３年３月31日まで使用することができます。

令和2年度　固定資産評価額通知書（登記用）①

この証明書は登記申請のためのものです。
それ以外の目的には使用できません。

所有者	住　所	○○県東西市南北町一丁目2番地3
	氏　名	高崎　秀和

	所在地番	家屋番号	地目又は種類・構造	地積又は床面積（㎡）	評　価　額	建築年	備　考
家屋	南北町一丁目 2-3	2-3	一般住宅 木造 瓦　2階	登記面積　142.86 課税面積　142.86	¥4,506,112	平成23年	
	以下余白						

課税価格

② 令和2年度固定資産課税台帳の登録事項を地方税法第422条の3の規定により通知します。
○○地方法務局東西支局　御中

令和○年○月○日

○○県東西市長　　公　務　正　男

○○県
東西市
長之印

市区町村によって
様式は違うので
「評価額」をよく見極める！
また「年度」に注意！

58 登記申請書と添付情報のつづり方

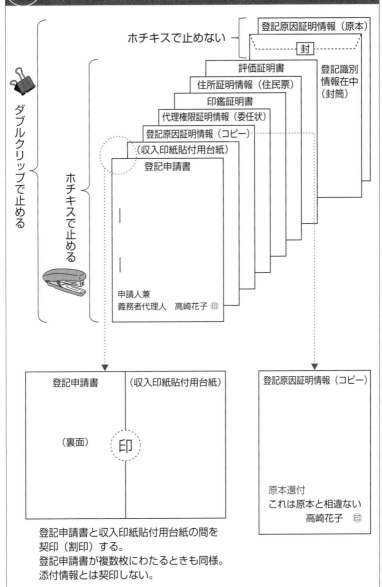

ホチキスで止めない

登記原因証明情報（原本）

封

評価証明書

住所証明情報（住民票）

印鑑証明書

代理権限証明情報（委任状）

登記原因証明情報（コピー）

（収入印紙貼付用台紙）

登記申請書

登記識別
情報在中
（封筒）

ダブルクリップで止める

ホチキスで止める

申請人兼
義務者代理人　高崎花子　印

登記申請書　　　　（収入印紙貼付用台紙）

（裏面）　　印

登記原因証明情報（コピー）

原本還付
これは原本と相違ない
　　　　　　　高崎花子　　印

登記申請書と収入印紙貼付用台紙の間を
契印（割印）する。
登記申請書が複数枚にわたるときも同様。
添付情報とは契印しない。

9 登記完了後の書類の受領等

①法務局から登記識別情報通知および登記完了証が交付されますの
で、登記申請した法務局の窓口で受領します。受領の際は、運転
免許証等の本人確認書類と、登記申請書に押印した印鑑とを持参
してください。原本還付の請求をした場合には、書類の原本もあ
わせて返却を受けます。

　登記識別情報通知および登記完了証は、登記申請書にその旨を記
載すれば、郵送による送付を受けることもできます（本書96ペー
ジ参照）。

②登記完了のときから3か月を経過すると、登記識別情報通知およ
び登記完了証の交付を受けられなくなります。

59 登記完了後の登記記録

（権利部・甲区）

1	所有権保存	平成23年4月20日 第5601号	所有者　○○県東西市南北町一丁目2番地3 　高　崎　秀　和
2	所有権移転	令和○年○月○日 第○○○○号	原因　令和2年11月1日贈与 所有者　○○県東西市南北町一丁目2番地3 　高　崎　花　子

（ケースの登記に関係する部分のみ抜粋）

登記識別情報通知は
重要書類なので、
大切に保管！

chapter 3 4 親が死亡して不動産を相続したとき ……所有権移転登記（相続）

親が死亡して不動産を相続した場合には、所有権移転登記が必要になります。ここでは、このケースの書式等について説明します。

1 ケースの内容

次のページの登記事項証明書の土地・建物は、「太田広夫」が所有していました。「太田広夫」は令和2年4月1日に死亡し、相続が開始しましたが、法定相続人である妻「太田緑」と長男「太田昴」による遺産分割協議の結果、この土地・建物は長男「太田昴」が取得することで合意しました。この場合、相続を登記原因とする所有権移転登記の申請が必要となります。

この登記申請は、「太田昴」の単独申請です。「太田昴」と「太田緑」との共同申請ではありませんので、ご注意ください。

2 登記申請書の書式と解説

このケースの登記申請書と添付情報を解説していきます。なお、各書式に付した丸数字（①②③……）と解説の丸数字は対応しています。書式と解説を参照しながらお読みください。

①登記申請書の上部に6cm程度の余白を設けます。この余白は法務局が使用します。
②登記原因は、被相続人「太田広夫」の死亡の日である令和2年4月1日の相続となります。遺産分割協議書の日付（遺産分割協議成立の日）ではありません。
③被相続人の氏名をカッコ書きで記載し、さらに相続人の住所・氏

figure
60 登記申請前の登記記録（登記事項証明書）

○○県東西市川坂町４２３－２ 　　　　　　　　　　　　全部事項証明書 　　　（土地）

表 題 部 （土地の表示）		調製	余 白		不動産番号	０００００００００００００
地図番号	余 白	筆界特定	余 白			
所 在	東西市川坂町字諏訪前 ＊					
① 地番	② 地目	③ 地 積 ㎡			原因及びその日付〔登記の日付〕	
４２３番２	宅地	２７２：５０			４２３番１から分筆〔平成２１年２月１日〕	

権 利 部 （甲区） （所 有 権 に 関 す る 事 項）			
順位番号	登 記 の 目 的	受付年月日・受付番号	権 利 者 そ の 他 の 事 項
1	所有権移転	平成１１年３月２６日第３６７８号	原因 平成１０年１２月８日相続所有者 ○○県東西市南北町二丁目３番地４　前 橋 花 子順位番号３番の登記を転写平成２１年２月１日受付第１２３４号
2	所有権移転	平成２１年２月２５日第２６８７号	原因 平成２１年２月２５日売買所有者 ○○県東西市七里町１００番地１　太 田 広 夫
付記１号	２番登記名義人住所変更	平成２１年１２月１０日第２３３３５号	原因 平成２１年１２月２日住所移転住所 ○○県東西市川坂町４２３番地２

○○県東西市川坂町４２３－２ 　　　　　　　　　　　　全部事項証明書 　　　（建物）

表 題 部 （主である建物の表示）		調製	余 白		不動産番号	０００００００００００００
所在図番号	余 白					
所 在	東西市川坂町字諏訪前　４２３番地２				余 白	
家屋番号	４２３番２				余 白	
① 種 類	② 構 造	③ 床 面 積 ㎡			原因及びその日付〔登記の日付〕	
居宅	木造亜鉛メッキ鋼板葺平家建	９２：３４			平成２１年１２月１日新築〔平成２１年１２月２日〕	
所 有 者	○○県東西市川坂町４２３番地２　太 田 広 夫					

権 利 部 （甲区） （所 有 権 に 関 す る 事 項）			
順位番号	登 記 の 目 的	受付年月日・受付番号	権 利 者 そ の 他 の 事 項
1	所有権保存	平成２１年１２月１０日第２３３３４号	所有者 ○○県東西市川坂町４２３番地２　太 田 広 夫

＊**字諏訪前**　登記記録の所在に記載されている字（あざ）は、住所にも用いる地域と、用いない（記載を省略する）地域とがあります。ケースの太田広夫、太田緑の住所は字のない「東西市川坂町４２３番地２」となっていますが、住所に字を用いない地域だという設定です。

名を記載して、押印します。相続人の住所・氏名は、住所証明情報である住民票の記載と一致している必要があります。この押印はいわゆる認め印で足ります。連絡先の電話番号は必ず記載してください。携帯電話でも大丈夫です。

④登記原因証明情報として、相続証明書（被相続人の**除籍謄本**、**改製原戸籍謄本**、**戸籍謄本**、**住民票除票**、相続人の戸籍謄本、遺産分割協議書、相続人の印鑑証明書等）を添付します。詳しくは、相続証明書の項で解説します。

⑤住所証明情報として、相続人（太田昴）の住民票を添付します。

⑥登録免許税額の算出のため、評価証明書を添付します。

⑦申請年月日と管轄法務局（支局・出張所まで）を記載します。管轄法務局は間違いのないよう、よくご確認ください（管轄を間違えて申請すると直ちに却下となります）。

⑧相続を登記原因とする所有権移転登記では、課税価格は不動産の価格（固定資産税評価額）であり、登録免許税額は課税価格に1,000分の4を乗じた金額です。このケースでは、課税価格は各不動産（土地・建物）の価格の合計額（1,000円未満は切り捨て）、登録免許税額は合計額に1,000分の4を乗じた金額（100円未満切り捨て）を記載します。

⑨不動産の表示は、全部事項証明書等に記載されているとおり正確に記載します。不動産番号を記載した場合には、土地の所在・地番・地目・地積、建物の所在・家屋番号・種類・構造・床面積の記載を省略できます。ただし、区分建物の敷地権の種類・敷地権の割合は省略できません。

⑩登記識別情報および登記完了証について「送付の方法による交付を希望する」場合には、その旨を登記申請書の末尾等に記載します（本書96ページ参照）。

figure
61　登記申請書（1ページ目）

↑
余白6cm程度①
↓

登記申請書

登記の目的　　　所有権移転

被相続人の
死亡の日

原　　　因　　　令和2年4月1日 相続②

相　続　人③　　（被相続人　太田広夫）

○○県東西市中町1番地9　新生ハイツ201号
太　田　昴　　　　　　　㊞

連絡先の電話番号000−0000−0000

添付情報

登記原因証明情報（原本還付）④

住所証明情報（原本還付）⑤　　　評価証明書⑥

令和○年○月○日申請　　○○地方法務局東西支局⑦

課　税　価　格　　　金5，823，000円

⑧

登録免許税　　　　金23，200円

不動産の表示⑨
　　所　　　在　　　東西市川坂町字諏訪前
　　地　　　番　　　423番2
　　地　　　目　　　宅地
　　地　　　積　　　272・50平方メートル

⑬

印

　　所　　　在　　　東西市川坂町字諏訪前　423番地2
　　家屋番号　　　　423番2
　　種　　　類　　　居宅
　　構　　　造　　　木造亜鉛メッキ鋼板葺平家建
　　床　面　積　　　92・34平方メートル

⑩

収入印紙貼付用台紙

（収入印紙貼付用台紙）⑪

⑫

収入印紙
20,000円

⑬
印

収入印紙
3,000円

収入印紙
200円

収入印紙に割印しない

⑪登録免許税を納付するための収入印紙は、登記申請書本体に直接
　貼らず、収入印紙貼付用台紙（A4版の白紙で可）を付けて、そ
　こに貼ります。

⑫収入印紙の組み合わせは書式のとおりではなくても、合計額で
　23,200円分貼ってあれば大丈夫です。また、収入印紙に割印を
　してはいけません。

⑬登記申請書（収入印紙貼付用台紙を含む）が複数枚にわたるとき
　は、各用紙のつづり目に契印（割印）をします。

3　登記原因証明情報（相続証明書）

　登記原因証明情報として、以下で説明する相続証明書を添付します。

・相続証明書1〜3

　相続を登記原因とする所有権移転登記申請の相続証明書として必
要な「戸籍謄本等」は、要するに「被相続人（ケースでは太田広夫）
の出生から死亡までの記載がある除籍・改製原戸籍・戸籍謄本（記
載事項証明書）の全部」と、「相続人全員（ケースでは太田緑、太田
昴）の戸籍謄本（または抄本、記載事項証明書）」です。本書に掲げ
たのはあくまでも一例ですが、かなり簡単な事例といえます。実際
にはもっと複雑で、戸籍謄本等の通数も多くなるのが普通です。古
い戸籍の記載を読み解くのは難しいことが多いので、よくわからな
い場合は、市区町村役場や司法書士または法務局にご相談ください。

　これら戸籍謄本等の有効期限はありませんが、いずれも被相続人
の死亡後に取得したものでなければなりません。

・相続証明書4

　相続に関する戸籍謄本等は、被相続人名義の預貯金の払戻し等他の

figure 62　相続証明書1…除籍謄本

除籍

氏名	本籍
太田義貞	○○縣東西市七里町百番地壱

昭和の改正により昭和弐拾七年参月五日消除
夫婦につき本戸籍編成㊞
平成弐拾五年参月弐拾弐日消除㊞

		父 太田儀助	長男
昭和弐年五月五日縣東西市七里町百番地にて出生父太田儀助届出同月弐拾七日受附入籍㊞	一番内弐子として昭和弐拾七年参月五日家附縣東西市七里町百番地太田儀助戸籍より入籍㊞	母 かね	
平成弐拾五年参月弐拾弐日死亡㊞	平成弐拾五年参月弐拾弐日午後九時参拾分縣東西市にて死亡同月弐拾弐日親族太田広夫届出除籍㊞		義貞
			生出 昭和弐年五月五日

| 戸　籍　簿 | ○○縣東西市役所 | | |

		父 一雄 正雄	弐女
昭和四拾年八月弐拾六日○○縣横井市町百番地にて出生父一雄正雄届出同月弐拾九日受附入籍㊞	昭和四拾七年参月弐拾六日太田義貞と婚姻届出○○縣横井市町百番地一雄正雄戸籍より入籍同日入籍㊞	母 サク	内子
平成弐拾五年参月弐拾弐日午後七時五拾分縣東西市にて死亡同月弐拾弐日親族太田義貞届出除籍㊞			生出 昭和四拾年八月弐拾六日

		父 太田義貞	長男
昭和弐拾八年弐拾弐日本籍にて父太田義貞届出同月八日受附入籍㊞	昭和五拾八年参月参拾参拾日匹川陽子と婚姻届出縣東西市七里町百番地新戸籍編製につき除籍㊞	母 内子	広夫
			生出 昭和弐拾八年弐月弐日

この謄本は、除籍の原本と相違ないことを認証する。

令和○年○月○日

○○縣東西市長　公務正男　[印：○○縣東西市長之印]

figure 63 相続証明書2…改製原戸籍謄本

改製原戸籍

平成六年法務省令第五十一号附則第二条第一項による改製につき平成拾七年拾壱月拾弐日消除㊞

本籍 ○○県東西市七里町百番地壱
氏名 太田広夫

昭和五拾八年参月参拾壱日編製㊞

昭和弐拾八年弐月弐日東西市で出生同月八日父届出入籍㊞
昭和五拾八年参月参拾壱日足利緑と婚姻届出東西市七里町百番地壱太田義貞戸籍から入籍㊞

父 太田義貞
母 内子
長男

夫 広夫

生出 昭和弐拾八年弐月弐日

昭和参拾壱年四月六日○○県南北市で出生同日父届出入籍㊞
昭和五拾八年参月参拾壱日太田広夫と婚姻届出○○県南北市花咲町四拾番地五足利高史戸籍から入籍㊞

父 足利高史
母 美江
弐女

妻 緑

生出 昭和参拾壱年四月六日

平成弐年拾弐月壱日東西市で出生同日父届出入籍㊞

父 太田広夫
母 緑
長男

昴

生出 平成弐年拾弐月壱日

この謄本は、原戸籍の原本と相違ないことを認証する。

令和○年○月○日

○○県東西市長　公務正男　○○県東西市長之印

手続きにも使用するため、原本を返却してほしい場合が多いものです。その際は、**相続関係説明図**を添付することで、通常の原本還付の手続きによらず（戸籍謄本等のコピーを付けずに）、原本の返却を受けることができます。ただし、この方法で原本還付を受けられるのは除籍・改製原戸籍・戸籍謄本（または抄本、記載事項証明書）に限られます。

　以下に説明する住民票除票、遺産分割協議書、相続人の印鑑証明書は、相続関係説明図の添付だけでは原本の返却を受けられず、通常の原本還付の手続きを取ることが必要です（本書84ページ参照）。

・相続証明書5

　被相続人（太田広夫）の登記記録上の住所は「○○県東西市川坂町423番地2」であり、戸籍上の表示である「（本籍）○○県東西市七里町100番地1　太田広夫」とのつながりがわからないので、本籍の記載のある被相続人の住民票除票を添付します。被相続人の登記記録上の住所と本籍が一致している場合には、住民票除票は不要です。この住民票除票に有効期限はありません。ただし、住民票除票は被相続人の死亡後でなければ取得できません。

・相続証明書6

　相続人の間で、被相続人の財産をどのように分けて取得するのかを協議し、合意した内容を記した書面を遺産分割協議書といいます。ケースでは相続人は2名（太田緑、太田昴）ですが、このうち太田昴1名が土地・建物を取得した場合の遺産分割協議書を示しています。もちろん、この遺産分割協議書は一例であり、実際の合意に合わせて作成する必要があります。この遺産分割協議書に必要不可欠な記載は、「被相続人の特定（最後の住所・氏名・死亡年月日等）、遺産である不動産の特定、相続人のうち誰が対象不動産を取得する

64 相続証明書3－戸籍記載事項証明書

(1の1)　　全部事項証明

本　　籍	○○県東西市七里町１００番地１
氏　　名	太田　広夫

戸籍事項 　戸籍改製	【改製日】平成１７年１１月１２日 【改製事由】平成６年法務省令第５１号附則第２条第１項による改製
戸籍に記載されている者 除籍	【名】広夫 【生年月日】昭和２８年２月２日　　　　　【配偶者区分】夫 【父】太田義貞 【母】太田内子 【続柄】長男
身分事項 　出　　生	【出生日】昭和２８年２月２日 【出生地】○○県東西市 【届出日】昭和２８年２月８日 【届出人】父
婚　　姻	【婚姻日】昭和５８年３月３１日 【配偶者氏名】足利緑 【従前戸籍】○○県東西市七里町１００番地１　太田義貞
死　　亡	【死亡日】令和２年４月１日　←　死亡の日付 【死亡時分】午後３時３０分 【死亡地】○○県東西市 【届出日】令和２年４月２日 【届出人】親族　太田昴
戸籍に記載されている者	【名】緑　← 【生年月日】昭和３１年４月６日　　　　　【配偶者区分】妻 【父】足利高史 【母】足利美江 【続柄】二女
身分事項 　出　　生	【出生日】昭和３１年４月６日 【出生地】○○県南北市 【届出日】昭和３１年４月６日 【届出人】父
婚　　姻	【婚姻日】昭和５８年３月３１日 【配偶者氏名】太田広夫 【従前戸籍】○○県南北市花咲町４０番地５　足利高史
戸籍に記載されている者	【名】昴　←　相続人の 戸籍謄本を 兼ねている 【生年月日】平成２年１２月１日 【父】太田広夫 【母】太田緑 【続柄】長男
身分事項 　出　　生	【出生日】平成２年１２月１日 【出生地】○○県東西市 【届出日】平成２年１２月１日 【届出人】父
	以下余白

発行番号０００００１
　これは，戸籍に記録されている事項の全部を証明した書面である。
　　令和○年○月○日
　　　　　　　　　　　　　東西市長　　公　務　正　男

○○県
東西市
長之印

CHAPTER

3

ケース別 不動産登記申請書の書式と解説

137

65 相続証明書4－相続関係説明図

被相続人　　太田　広夫　　相続関係説明図

最後の住所　○○県東西市川坂町４２３番地２
　　出生　昭和２８年２月２日
　　死亡　令和２年４月１日

（被相続人）　　太田　　　広夫

住所　○○県東西市中町１番地９　新生ハイツ２０１号
出生　平成２年１２月１日

長男　　　太田　　　昴

（相続人）

住所　○○県東西市川坂町４２３番地２
出生　昭和３１年４月６日

妻　　　太田　　　緑

（分割）

相続を証する書面は還付した	

66 相続証明書5－住民票除票

住　民　票（除　票）

○○県東西市

住　所	○○県東西市川坂町４２３番地２
世帯主	太田　広夫

氏　名	太田　広夫					旧　氏	
生年月日	昭和28年2月2日	性　別	男	続　柄	世帯主	住民となった日	昭和28年2月2日
本　籍	○○県東西市七里町１００番地１ ←					筆頭者	太田　広夫
前住所	○○県東西市七里町１００番地１					住定日	平成21年12月2日　転居 / 平成21年12月2日　届出
令和2年4月1日死亡　令和2年4月2日届出						個人番号	省略
						住民票コード	省略

以　下　余　白

本籍の記載があるもの

この写しは，除かれた住民票の原本と相違ないことを証明する。

令和○年○月○日

　　　　　　　　　　　　　　　　○○県東西市長　　公　務　正　男

○○県
東西市
長之印

138

figure
67 相続証明書6－遺産分割協議書

遺産分割協議書

　　　最後の住所　　　○○県東西市川坂町４２３番地２
　　　被 相 続 人　　　太田　広夫

　　上記被相続人は令和２年４月１日死亡し、相続が開始したところ、共同相続人の全員による遺産分割協議の結果、次のとおり合意した。

１　被相続人の遺産に属する下記不動産は、相続人　太田　昴
　　（被相続人の長男）がこれを取得する。

記

　不動産の表示
　　　所　　　在　　　東西市川坂町字諏訪前
　　　地　　　番　　　４２３番２
　　　地　　　目　　　宅地
　　　地　　　積　　　２７２・５０平方メートル

　　　所　　　在　　　東西市川坂町字諏訪前　４２３番地２
　　　家 屋 番 号　　　４２３番２
　　　種　　　類　　　居宅
　　　構　　　造　　　木造亜鉛メッキ鋼板葺平家建
　　　床 面 積　　　９２・３４平方メートル

以上

　　上記遺産分割協議の成立を証するため、本協議書を作成し、共同相続人の全員が次に署名捺印する。

　　令和○年○月○日

　　　　　○○県東西市川坂町４２３番地２
　　　　　（続柄：被相続人の妻）　太田　緑　（実印）①

　　　　　○○県東西市中町１番地９　新生ハイツ２０１号
　　　　　（続柄：被相続人の長男）太田　昴　（実印）①

68 相続証明書6－印鑑証明書（太田緑）

印鑑登録証明書 ②

印 影	氏 名	太田 緑
（印影）緑太印田	旧 氏	
	生年月日	昭和３１年４月６日
	住 所	○○県東西市川坂町４２３番地２
	備 考	

この写しは，登録されている印影と相違ないことを証明します。

令和○年○月○日

○○県東西市長　　公　務　正　男

○○市
東西市
長之印

69 相続証明書6－印鑑証明書（太田昴）

印鑑登録証明書 ③

印 影	氏 名	太田 昴
（印影）昴太印田	旧 氏	
	生年月日	平成２年１２月１日
	住 所	○○県東西市中町１番地９　新生ハイツ２０１号
	備 考	

この写しは，登録されている印影と相違ないことを証明します。

令和○年○月○日

○○県東西市長　　公　務　正　男

○○市
東西市
長之印

140

のか、相続人全員の署名捺印（実印）」です。

①この押印は、実印（印鑑証明書の印）であることが必須です。
②③遺産分割協議書に押印した相続人全員の印鑑証明書を添付します。この印鑑証明書に有効期限はありません。

4 **住所証明情報**

①住所証明情報として、不動産を取得する相続人（ケースの太田昴）の住民票を添付します。この住民票に有効期限はありません。なお、遺産分割協議によって不動産を取得しない相続人（ケースの太田緑）の住民票の添付は必要ありません。
②個人番号（マイナンバー）の記載のある住民票は使用できません。記載のないものを取得し、使用してください。

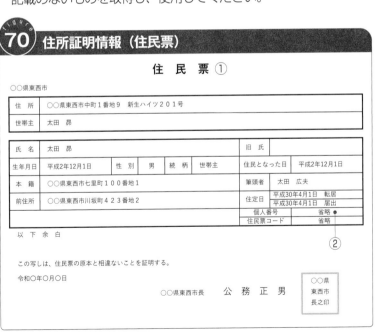

figure **70** 住所証明情報（住民票）

住　民　票　①

○○県東西市

住　所	○○県東西市中町1番地9　新生ハイツ201号
世帯主	太田　昴

氏　名	太田　昴					旧　氏	
生年月日	平成2年12月1日	性　別	男	続　柄	世帯主	住民となった日	平成2年12月1日
本　籍	○○県東西市七里町100番地1					筆頭者	太田　広夫
前住所	○○県東西市川坂町423番地2					住定日	平成30年4月1日　転居／平成30年4月1日　届出
						個人番号	省略 ●
						住民票コード	省略

以　下　余　白

②

この写しは、住民票の原本と相違ないことを証明する。

令和○年○月○日

　　　　　　　　　　　　　　　○○県東西市長　　公　務　正　男

○○県
東西市
長之印

5 評価証明書

①登録免許税の課税価格（不動産の固定資産税評価額）を証するため、評価証明書を添付します。

　ⓐ一般的には、不動産所在地の市区町村役場（固定資産税の係）で発行される評価通知書または評価証明書（登記用）という書類を取得して添付します。この書類は無料で発行されます。

　ⓑ市区町村役場によっては、上記ⓐの評価通知書または評価証明書（登記用）の発行を受けられないことがあります。この場合、同じく不動産所在地の市区町村役場（固定資産税の係）で発行される有料の評価証明書という書類を取得して添付します。

　法務局および市区町村役場における評価通知書または評価証明書等の取扱いについては、実際のところさらに煩雑な話もありますが、本書では上記ⓐおよびⓑの方法の解説にとどめておきます。少なくとも上記ⓑの方法を選択すれば、全国どこの法務局および市区町村役場でも対応可能です。

②市区町村役場で取得可能な「最新年度」の固定資産税評価額の記載があるものを取得し、使用します。

　なお、評価証明書の固定資産税評価額は毎年4月1日に改定されます。評価額改定後、改定前に取得した評価証明書は、登記申請には使用できなくなりますのでご注意ください。つまり、令和2年3月31日に取得した評価証明書は、令和2年4月1日以降、使用することができなくなります。一方、令和2年4月1日に取得した評価証明書は、令和3年3月31日まで使用することができます。

71 評価証明書

令和２年度　固定資産評価額通知書（登記用）

この証明書は登記申請のためのものです。
それ以外の目的には使用できません。

所有者	住　所	○○県川坂町４２３番地２						
	氏　名	太田　広夫						

	所在地番	家屋番号	地目又は種類・構造	地積又は床面積（㎡）		評　価　額	建築年	備　考
土地	川坂町　字諏訪前 423-2		宅地	登記面積 課税面積	272.50 272.50	¥3,000,123		
家屋	川坂町　字諏訪前 423-2	423-2	一般住宅 木造　亜鉛メッキ鋼板　平家	登記面積 課税面積	92.34 92.34	¥2,823,546	平成21年	
	以下余白							

課税価格（合計額）

令和２年度固定資産課税台帳の登録事項を地方税法第４２２条の３の規定により通知します。
○○地方法務局東西支局　御中
　　　　　令和○年○月○日
　　　　　　　　○○県東西市長　　公　務　正　男

○○県
東西市
長之印

相続を原因とする
所有権移転登記申請は
かなり難しい

figure
72　登記申請書と添付情報のつづり方

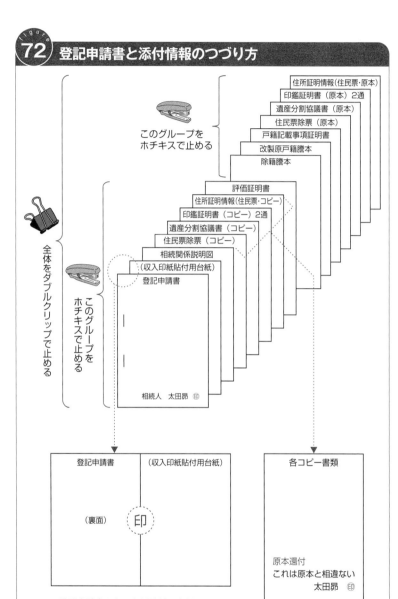

このグループを
ホチキスで止める

住所証明情報(住民票・原本)
印鑑証明書（原本）2通
遺産分割協議書（原本）
住民票除票（原本）
戸籍記載事項証明書
改製原戸籍謄本
除籍謄本

評価証明書
住所証明情報(住民票・コピー)
印鑑証明書（コピー）2通
遺産分割協議書（コピー）
住民票除票（コピー）
相続関係説明図
(収入印紙貼付用台紙)
登記申請書

全体をダブルクリップで止める

このグループを
ホチキスで止める

相続人　太田昴　㊞

登記申請書　　（収入印紙貼付用台紙）

（裏面）　㊞

各コピー書類

原本還付
これは原本と相違ない
　　　　　太田昴　㊞

登記申請書と収入印紙貼付用台紙の間を
契印（割印）する。
登記申請書が複数枚にわたるときも同様。
添付情報とは契印しない。

6 登記完了後の書類の受領等

①法務局から登記識別情報通知および登記完了証が交付されますので、登記申請した法務局の窓口で受領します。受領の際は、運転免許証等の本人確認書類と、登記申請書に押印した印鑑とを持参してください。原本還付の請求をした場合には、書類の原本もあわせて返却を受けます。

　登記識別情報通知および登記完了証は、登記申請書にその旨を記載すれば、郵送による送付を受けることもできます（本書96ページ参照）。

②登記完了のときから3か月を経過すると、登記識別情報通知および登記完了証の交付を受けられなくなります。

figure 73 登記完了後の登記記録

（権利部・甲区）

2	所有権移転	平成21年2月25日第2687号	原因 平成21年2月25日売買 所有者 ○○県東西市七里町100番地1 　　　太 田 広 夫
付記1号	2番登記名義人住所変更	平成21年12月10日第23335号	原因 平成21年12月2日住所移転 住所 ○○県東西市川坂町423番地2
3	所有権移転	令和○年○月○日第○○○○号	原因 令和2年4月1日相続 所有者 ○○県東西市中町1番地9新生ハイツ201号 　　　太 田 昴

（ケースの登記に関係する部分のみ抜粋）
（土地のみ。ただし、建物も同様）

住宅ローンを完済したとき
……抵当権抹消登記

chapter 3
5

住宅ローンを完済した場合には、抵当権抹消登記が必要になります。ここでは、このケースの書式等について説明します。

1 ケースの内容

次ページの登記事項証明書の区分建物（マンション）は、平成21年6月20日に「高崎秀和」が住宅ローンを利用して購入しましたが、その際、所有権移転登記（甲区2番）とともに「リアル信用保証株式会社」を抵当権者とする抵当権設定登記（乙区1番）がなされました。令和2年5月31日、「高崎秀和」はこの住宅ローンを完済しました。この場合、乙区1番抵当権設定登記の抹消登記の申請が必要となります。

この登記申請は、登記権利者「高崎秀和」と登記義務者「リアル信用保証株式会社」の共同申請です。

住宅ローン完済による抵当権抹消登記は『自分でやりたい登記申請』の人気No.1です！

146

74 登記申請前の登記記録（登記事項証明書）

○○県山川市駅前町三丁目１０－１－３０３　　　　　　　　全部事項証明書　　　　（建物）

専有部分の家屋番号	１０－１－１０１　　１０－１－２０１　～　１０－１－２０４ １０－１－３０１　～　１０－１－３０４　１０－１－４０１　～　１０－１－４０３

表　題　部　（一棟の建物の表示）		調製	余　白		所在図番号	余　白

所　　在	山川市駅前町三丁目　１０番地１		余　白

建物の名称	スターマンション駅前	余　白

①　構　　　造	③　床　面　積　　㎡		原因及びその日付〔登記の日付〕
鉄筋コンクリート造陸屋根４階建	１階	１００ ５５	〔平成２１年２月１日〕
	２階	２８５ ６２	
	３階	２８５ ６２	
	４階	２４２ ３５	

表　題　部　（敷地権の目的である土地の表示）				
①土地の符号	②　所　在　及　び　地　番	③地目	④　地　積　　㎡	登　記　の　日　付
１	山川市駅前町三丁目１０番１	宅地	４１０ ３３	平成２１年２月１日

表　題　部　（専有部分の建物の表示）			不動産番号	００００００００００００

家屋番号	駅前町三丁目　１０番１の３０３		余　白

建物の名称	３０３	余　白

①　種　類	②　構　　造	③　床　面　積	原因及びその日付〔登記の日付〕
居宅	鉄筋コンクリート造１階建	３階部分　７１ ４０	平成２１年１月１５日新築 〔平成２１年２月１日〕

表　題　部　（敷地権の表示）			
①土地の符号	②敷地権の種類	③　敷　地　権　の　割　合	原因及びその日付〔登記の日付〕
１	所有権	９１４１４分の７１４０	平成２１年１月１５日敷地権 〔平成２１年２月１日〕

所　有　者	東京都港岸区七本木八丁目２番９号　スター　開　発　株　式　会　社

権　利　部　（甲区）　　（所　有　権　に　関　す　る　事　項）			
順位番号	登　記　の　目　的	受付年月日・受付番号	権　利　者　そ　の　他　の　事　項
１	所有権保存	平成２１年３月１５日 第４２５３号	原因　平成２１年３月１５日売買 所有者　東京都文京区前楽二丁目５番５号 　株　式　会　社　前　楽　不　動　産
２	所有権移転	平成２１年６月２０日 第８８８９号	原因　平成２１年６月２０日売買 所有者　○○県山川市駅前町三丁目１０番地１スター 　マンション駅前３０３号 　高　崎　秀　和

権　利　部　（乙区）　　（所　有　権　以　外　の　権　利　に　関　す　る　事　項）			
順位番号	登　記　の　目　的	受付年月日・受付番号	権　利　者　そ　の　他　の　事　項
１	抵当権設定	平成２１年６月２０日 第８８９０号	原因　平成２１年６月２０日保証委託契約に基づく 　求償債権同日設定 債権額　金５，０００万円 損害金　年１４％（年３６５日の日割計算） 債務者　○○県山川市駅前町三丁目１０番地１スター 　マンション駅前３０３号 　高　崎　秀　和 抵当権者　東京都中富区新道２３０番地６ 　リ　ア　ル　信　用　保　証　株　式　会　社

このケースの登記申請書と添付情報を解説していきます。なお、各書式に付した丸数字（①②③……）と解説の丸数字は対応しています。書式と解説を参照しながらお読みください。

①登記申請書の上部に6cm程度の余白を設けます。この余白は法務局が使用します。

②抹消する抵当権設定登記の順位番号を特定して登記の目的を記載します。なお、抹消する抵当権設定登記は「乙区1番」ですが、「乙区」は書く必要がありません。

③登記原因証明情報である**抵当権解除証書**の記載にしたがって「（日付）解除」とします。抵当権抹消登記申請においては、他に「（日付）弁済」「（日付）主債務消滅」等の登記原因になることもありますが、要は登記原因証明情報の記載にしたがいます。

④登記権利者として、現在の所有者の住所・氏名を記載します。この住所・氏名は登記記録上の所有者の記載と一致している必要があります。登記記録上の記載から現住所・現氏名が変更になっている場合には、この抵当権抹消登記申請に先立って、「所有権登記名義人住所変更登記」等（本書102ページ参照）を申請する必要があります。

⑤登記義務者として、抵当権者（金融機関等）の住所・名称・会社法人等番号・代表者の資格および氏名を記載します。

　抵当権者の現住所・現名称について、登記記録上の記載から変更になっている場合（例えば、登記記録上は「抵当権者　株式会社A銀行」と記載されているが、商号変更により現在は「株式会社B銀行」である場合等）でも、現住所・現名称を記載してそのまま登記申請

できることが多いのですが、細かい条件があります。そのような変更が生じている場合には、司法書士または法務局に相談してください。

Figure 75　登記申請書（1ページ目）

```
      ↑
  余白6cm程度①
      ↓
```

　　　　　　　　登記申請書

登記の目的　　１番抵当権抹消②

原　　　因　　令和２年５月３１日 解除③ ←┤ 解除証書に記載された解除の日

権　利　者④　〇〇県山川市駅前町三丁目１０番地１
　　　　　　　スターマンション駅前３０３号
　　　　　　　高　崎　秀　和

義　務　者⑤　東京都中富区新道２３０番地６
　　　　　　　リアル信用保証株式会社
　　　　　　（会社法人等番号1234-56-789012）
　　　　　　　代表取締役　東都太郎

添付情報
　　　　登記識別情報⑥　　登記原因証明情報（原本還付）⑦
　　　　会社法人等番号　　代理権限証明情報⑧

令和〇年〇月〇日申請　〇〇地方法務局山川支局⑨

申請人　兼　　　　　〇〇県山川市駅前町三丁目１０番地１
　　　　　　　　　　スターマンション駅前３０３号
義務者代理人⑩　　　　高　崎　秀　和　　　　㊞

　　　　　　　　　　連絡先の電話番号０００−００００−００００

登録免許税　　　金２，０００円⑪

不動産の表示⑫
　一棟の建物の表示
　　　所　　　在　　　　山川市駅前町三丁目　１０番地１
　　　建物の名称　　　　スターマンション駅前
⑯　専有部分の建物の表示
　　　家屋番号　　　　　駅前町三丁目　１０番1の３０３
㊞　建物の名称　　　　　３０３
　　　種　　　類　　　　居宅
　　　構　　　造　　　　鉄筋コンクリート造１階建
　　　床面積　　　　　　３階部分　７１・４０平方メートル
　敷地権の表示
　　　土地の符号　　　　１
　　　所在及び地番　　　山川市駅前町三丁目１０番１
　　　地　　　目　　　　宅地
　　　地　　　積　　　　４１０・３３平方メートル
　　　敷地権の種類　　　所有権
　　　敷地権の割合　　　９１４１４分の７１４０

⑬

収入印紙貼付用台紙

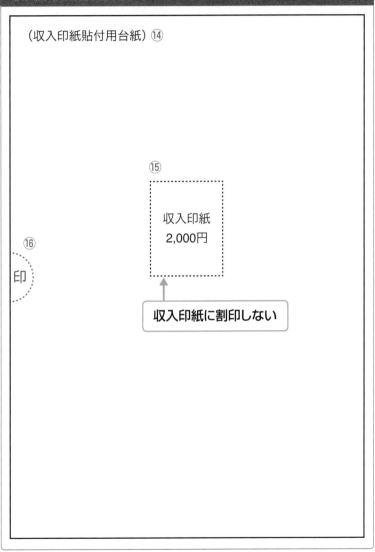

（収入印紙貼付用台紙）⑭

⑮

収入印紙
2,000円

⑯

印

収入印紙に割印しない

CHAPTER

3 ケース別 不動産登記申請書の書式と解説

151

会社法人等番号は、抵当権者から交付される抵当権解除証書、委任状等の書類に記載されていることが多いですが、記載のない場合には、抵当権者の**履歴事項証明書**（または登記情報）から調べるか、直接、抵当権者に問い合わせます。

⑥登記義務者（抵当権者）の登記識別情報を提供します。

⑦登記原因証明情報として、抵当権者が作成した**抵当権解除証書**等を添付します。

⑧代理権限証明情報として、抵当権者が作成した登記申請の権限に関する委任状を添付します。

⑨申請年月日と管轄法務局（支局・出張所まで）を記載します。管轄法務局は間違いのないよう、よくご確認ください（管轄を間違えて申請すると直ちに却下となります）。

⑩登記権利者である所有者が、同時に登記義務者（抵当権者）の代理人となる場合の記載方法です。この押印はいわゆる認め印で足ります。連絡先の電話番号は必ず記載してください。携帯電話でも大丈夫です。

⑪登録免許税の金額を記載します。抵当権抹消登記申請の場合、申請の対象となる土地・建物各1個につき1,000円です。敷地権付きの区分建物の場合、区分建物と敷地権（敷地権が複数ある場合には各々1個）をそれぞれ1個として数えます。ただし、20個以上の不動産について同一の申請書で抵当権抹消登記申請をするときは、上限20,000円という規定があります。

このケースでは区分建物1・敷地権1ですので、2,000円となります。登記記録（全部事項証明書・登記情報）は一体化していますが、登録免許税の計算では区分建物と敷地権は別の不動産として数えますので、ご注意ください。

⑫不動産の表示は、全部事項証明書等に記載されているとおり正確に記載します。不動産番号を記載した場合には、土地の所在・地番・地目・地積、建物の所在・家屋番号・種類・構造・床面積の記載を省略できます。ただし、区分建物の敷地権の種類・敷地権の割合は省略できません。

このケースで、不動産の表示として不動産番号を記載する場合、次のように記載します。

不動産の表示

不 動 産 番 号　　0000000000000

敷地権の種類　　所有権

敷地権の割合　　91414分の7140

⑬登記完了証について「送付の方法による交付を希望する」場合には、その旨を登記申請書の末尾等に記載します（本書96ページ参照）。

⑭登録免許税を納付するための収入印紙は、登記申請書本体に直接貼らず、収入印紙貼付用台紙（A4版の白紙で可）を付けて、そこに貼ります。

⑮収入印紙の組み合わせは書式のとおりではなくても、合計額で2,000円分貼ってあれば大丈夫です。また、収入印紙に割印をしてはいけません。

⑯登記申請書（収入印紙貼付用台紙を含む）が複数枚にわたるときは、各用紙のつづり目に契印（割印）をします。

CHAPTER 3　ケース別 不動産登記申請書の書式と解説

153

①登記識別情報の提供は、法務局から発行された「登記識別情報通知」の原本、そのコピー、記号番号のメモのうち、いずれかの書面を提出する方法で行いますが、一般的には「登記識別情報通知」のコピーを用います。提供した登記識別情報（を記載した書面）は返却されません。

「登記識別情報通知」は、通常、抵当権者（金融機関等）が保管しており、ローンの完済後、交付を受けることができます。ローン完済時に抵当権者にお問い合わせください。

抵当権設定の時期によっては、登記識別情報が通知されていないことがあります。その場合の抵当権抹消登記申請では、登記識別情報の提供に代えて、法務局が作成した権利証（登記済証）を添付することになります。権利証も、通常、抵当権者が保管していますので、ローン完済時に抵当権者にお問い合わせください。

②目隠しシールをはがし、記号番号がわかるようにコピーして提出します。なお、次ページの記号番号はあくまでもサンプルであり、登記識別情報の記号番号は不動産ごと、登記申請ごと、申請人ごとにすべて異なります。記号番号に規則性はないので、「登記識別情報通知」を確認する以外に登記識別情報を知る方法はありません。

③登記識別情報の提供のための書面は封筒に入れ、封をして提出します。封筒には、登記の目的および申請人（登記義務者）の氏名、「登記識別情報在中」の旨を記載する必要があります。

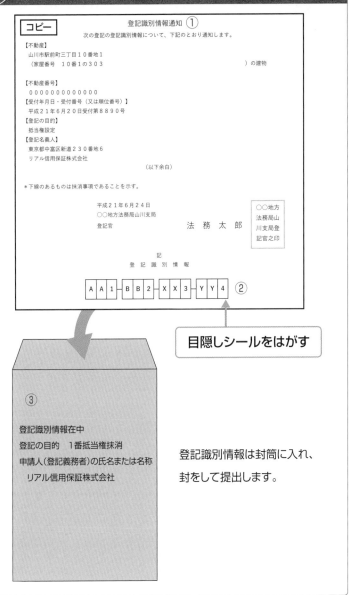

figure 76 登記識別情報通知のコピーと封筒

コピー

登記識別情報通知 ①

次の登記の登記識別情報について、下記のとおり通知します。

【不動産】
　山川市駅前町三丁目１０番地１
　（家屋番号　１０番１の３０３　　　　　　　　　　　　　） の建物

【不動産番号】
　０００００００００００００
【受付年月日・受付番号（又は順位番号）】
　平成２１年６月２０日受付第８８９０号
【登記の目的】
　抵当権設定
【登記名義人】
　東京都中富区新道２３０番地６
　リアル信用保証株式会社

（以下余白）

＊下線のあるものは抹消事項であることを示す。

平成２１年６月２４日
〇〇地方法務局山川支局

登記官　　　　　　　　　法　務　太　郎

〇〇地方
法務局山
川支局登
記官之印

記
登　記　識　別　情　報

| A | A | 1 | — | B | B | 2 | — | X | X | 3 | — | Y | Y | 4 | ② |

目隠しシールをはがす

③

登記識別情報在中
登記の目的　１番抵当権抹消
申請人（登記義務者）の氏名または名称
　リアル信用保証株式会社

登記識別情報は封筒に入れ、
封をして提出します。

4 登記原因証明情報

①一般的にローンの完済時には、抵当権者（金融機関等）の側で登記原因証明情報となるべき書面を作成して交付してくれるので、その書面を添付します。交付のない場合には抵当権者にお問い合わせください。

　本書で掲げた書式は、抵当権者が作成する一般的な抵当権解除証書ですが、実際の金融機関各社が作成する書面は「千差万別」で、一定のフォームがありません。ときには対応に苦慮するような書面を交付してくる抵当権者もありますので、困ったときには司法書士または法務局にご相談ください。

②登記申請書に記載した登記原因の「（日付）解除」は、この記載にしたがっています。
③抵当権解除証書は、抵当権設定契約が解除されたことを証する重要な「契約書面」であり、抵当権抹消登記申請の完了後も手元に保管しておきたい書類です。したがって、原本還付の手続きを取るのが普通です。

　添付情報の原本還付を請求するには、原本のコピーを作成し、コピーのほうの余白に赤字で「原本還付」、黒字で「これは原本と相違ない」と記載し、さらに申請人が記名押印して（登記申請書に押印したのと同じ印鑑を使用）、原本とともに提出します（本書85ページ参照）。
　ただし、書類の内容によっては原本還付できないものがありますので、ご注意ください。

抵当権解除証書①

○○県山川市駅前町三丁目１０番地１
　　スターマンション駅前３０３号
抵当権設定者　高崎秀和　殿

令和２年５月３１日

　平成２１年６月２０日抵当権設定契約により下記不動産に設定
した抵当権（平成２１年６月２０日○○地方法務局山川支局受付
第８８９０号登記済）は、本日、これを解除しました。②

解除の日

記

　一棟の建物の表示
　　所　　　　　在　　　山川市駅前町三丁目　１０番地１
　　建 物 の 名 称　　　スターマンション駅前
　専有部分の建物の表示
　　家 屋 番 号　　　駅前町三丁目　１０番１の３０３
　　建 物 の 名 称　　　３０３
　　種　　　　　類　　　居宅
　　構　　　　　造　　　鉄筋コンクリート造１階建
　　床　　面　　積　　　３階部分　７１・４０平方メートル
　敷地権の表示
　　土 地 の 符 号　　　１
　　所在及び地番　　　山川市駅前町三丁目１０番１
　　地　　　　　目　　　宅地
　　地　　　　　積　　　４１０・３３平方メートル
　　敷地権の種類　　　所有権
　　敷地権の割合　　　９１４１４分の７１４０
　　　　　　　　　　　　　　　　　　　　　　　　　以上

　　　　　　　　　　　東京都中富区新道２３０番地６
　　　抵当権者　　　　リアル信用保証株式会社
　　　　　　　　　　　代表取締役　東都太郎　㊞

③

5 代理権限証明情報

①代理権限証明情報として委任状を提出します。委任状も、一般的にはローン完済時に、抵当権者（金融機関等）の側で作成して交付してくれる書類です。交付のない場合には抵当権者にお問い合わせください。

　書式は、抵当権者が作成する一般的な委任状ですが、この書面も金融機関各社で「千差万別」です。やはり、困ったときには司法書士または法務局にご相談ください。

　また多くの場合、受任者の欄（高崎秀和の住所・氏名）や日付は空欄のまま交付されますので、適宜、補記・補充して使用します。空欄を残したままでは委任状として不適格ですので、ご注意ください。

②抵当権者の会社法人等番号は、このような形で委任状に記載があることが多いので、登記申請書にはこの番号を記載します。

金融機関によって書類が
異なることがあるので注意！

figure
78 代理権限証明情報（委任状）

委　任　状 ①

〇〇県山川市駅前町三丁目１０番地１
スターマンション駅前３０３号
高　崎　秀　和

　私は、上記の者を代理人と定め、次の権限を委任します。

1　登記原因証明情報である令和２年５月３１日付抵当権解除証
　書記載のとおり抵当権抹消の登記申請をする一切の権限
2　登記完了後に通知される登記完了証を受領すること
3　登記の申請に不備がある場合に、当該登記の申請を取下げ、
　又は補正すること
4　登記に係る登録免許税の還付金を受領すること
5　その他上記の登記の申請に関し必要な一切の権限

　令和２年５月３１日

　　　　　　　　　　東京都中富区新道２３０番地６
抵当権者（委任者）　リアル信用保証株式会社
　　　　　　　　　　代表取締役　東都太郎　㊞

　　　　（会社法人等番号1234-56-789012）②

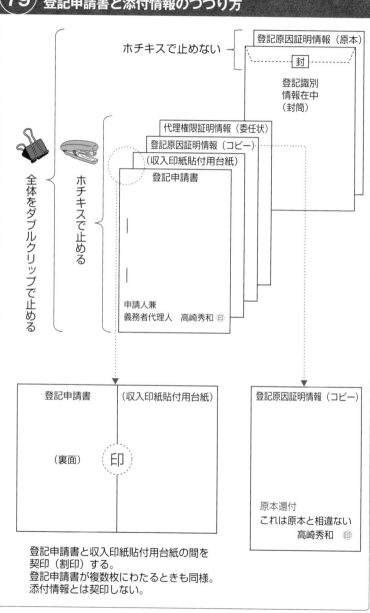

figure 79 登記申請書と添付情報のつづり方

ホチキスで止めない

登記原因証明情報（原本）

封

登記識別
情報在中
（封筒）

代理権限証明情報（委任状）

登記原因証明情報（コピー）

（収入印紙貼付用台紙）

登記申請書

全体をダブルクリップで止める

ホチキスで止める

申請人兼
義務者代理人　高崎秀和　㊞

登記申請書　（収入印紙貼付用台紙）

（裏面）　㊞

登記原因証明情報（コピー）

原本還付
これは原本と相違ない
高崎秀和　㊞

登記申請書と収入印紙貼付用台紙の間を
契印（割印）する。
登記申請書が複数枚にわたるときも同様。
添付情報とは契印しない。

6 登記完了後の書類の受領等

①法務局から登記完了証が交付されますので、登記申請した法務局の窓口で受領します。受領の際は、運転免許証等の本人確認書類と、登記申請書に押印した印鑑とを持参してください。原本還付の請求をした場合には、書類の原本もあわせて返却を受けます。

　登記完了証は、登記申請書にその旨を記載すれば、郵送による送付を受けることもできます（本書96ページ参照）。

②登記完了のときから3か月を経過すると、登記完了証の交付を受けられなくなります。

figure 80 登記完了後の登記記録

（権利部・乙区）

| 1 | 抵当権設定 | 平成21年6月20日第8890号 | 原因　平成21年6月20日保証委託契約に基づく求償債権同日設定
債権額　金5,000万円
損害金　年14％（年365日の日割計算）
債務者　○○県山川市駅前町三丁目10番地1スターマンション駅前303号
　　　　高　崎　秀　和
抵当権者　東京都中富区新道230番地6
　　　　リ　ア　ル　信　用　保　証　株　式　会　社 |
| 2 | 1番抵当権抹消 | 令和○年○月○日第○○○○号 | 原因　令和2年5月31日解除 |

（ケースの登記に関係する部分のみ抜粋）

「脱ハンコ」時代の登記申請

　不動産登記申請手続では「実印＋印鑑証明書」が重要な役割を担っています。ところが昨今、新型コロナウイルス感染拡大の影響もあり、社会全体で「脱ハンコ」の動きが加速しています。その場合、登記申請の手続きはどうなってしまうのでしょうか。

　実は、本書では簡単にしか触れなかった「オンライン申請」の手続きにおいては、「電子署名」というIT技術を使うことによって、すでに「印鑑＋印鑑証明書」を使わない方法が定められています。したがって、登記申請の手続きにおける「脱ハンコ」のひとつの答えとしては、「電子署名」を使う方法が有力であるとはいえるでしょう。

　しかしながら、現実はそれほど単純ではありません。電子署名にもいろいろと問題点があります。電子署名の技術的・制度的な問題については説明を省くとしても、最大の障害は、「不動産取引の当事者（すなわち登記申請人）はIT知識にたけた若者ばかりではない」ということ。「若者ばかりでない」どころか、現時点ではむしろ中高年層が不動産取引の中心です。「明日から実印は廃止、すべて電子署名を使う」等という制度変更がいきなり行われたら、不動産登記および不動産取引は大混乱に陥ってしまうでしょう。

　結局のところ、当面の間、「実印＋印鑑証明書」の制度は維持されるものと思われます。筆者の予想では、電子署名以外の方法が普及することによって、「実印＋印鑑証明書」の代替手段になるのではないかと思います。「ハンコ並み」に誰でも簡単に利用できる手段でないと、普及は難しいでしょう。

索引

●著者紹介

岡住 貞宏（おかずみ さだひろ）

1967（昭和42）年、群馬県富岡市生まれ。1990（平成2）年、慶應義塾大学法学部法律学科卒。司法書士・行政書士。群馬司法書士会所属・群馬県行政書士会所属。元・群馬司法書士会会長、元・日本司法書士会連合会理事。著書に『いちばんやさしい株式会社の議事録作成全集』（自由国民社）。

●本文イラスト

まえだ　たつひこ

図解ポケット
不動産登記手続きがよくわかる本

発行日	2021年 2月 1日	第1版第1刷

著　者　　岡住　貞宏

発行者　　斉藤　和邦
発行所　　株式会社　秀和システム
　　　　　〒135-0016
　　　　　東京都江東区東陽2-4-2　新宮ビル2F
　　　　　Tel 03-6264-3105（販売）Fax 03-6264-3094
印刷所　　三松堂印刷株式会社　　　　Printed in Japan

ISBN978-4-7980-6323-2 C0032